情绪自我管理读本

正念

源自正心的力量

武彤芳·著

企业管理出版社
ENTERPRISE MANAGEMENT PUBLISHING HOUSE

图书在版编目（CIP）数据

正念：源自正心的力量 / 武彤芳著. —北京：企业管理出版社，2017.11

ISBN 978-7-5164-1610-5

Ⅰ. ①正… Ⅱ. ①武… Ⅲ. ①人生哲学—通俗读物 Ⅳ. ①B821-49

中国版本图书馆CIP数据核字（2017）第269282号

书　　名：正念：源自正心的力量
作　　者：武彤芳
责任编辑：张　羿
书　　号：ISBN 978-7-5164-1610-5
出版发行：企业管理出版社
地　　址：北京市海淀区紫竹院南路17号　　邮编：100048
网　　址：http://www.emph.cn
电　　话：总编室（010）68701719　发行部（010）68701816　编辑部（010）68701891
电子信箱：80147@sina.com
印　　刷：北京宝昌彩色印刷有限公司
经　　销：新华书店
规　　格：160毫米×230毫米　16开本　13.25印张　146千字
版　　次：2017年11月第1版　2017年11月第1次印刷
定　　价：39.80元

前 言

你好，我是武彤芳。非常感谢你能够打开这本书。

心的宽度决定着人生的宽度。在当今的社会里，越来越多的人迷失了本性，他们无时无刻不受着他人的影响，失去了生活的目标，在感叹人生没有意义中，虚度光阴；他们常挂在嘴边的话就是："压力太大了""太忙了，我恨不得一分钟当两分钟用"，因此，越来越多的人加入了失眠行列，为了工作加班熬夜成了家常便饭，情绪也愈加难以控制，鸡毛蒜皮的小事都能让他们大动肝火。这样造成的直接结果就是，疾病发生率、死亡率越来越高。当一个人不懂得调节自己的内心时，再简单的事他们也觉得难如登天。

随着生活水平的提高，越来越多的人已不满足于金钱所带来的愉悦感，他们在追求更深一个层次的幸福感。医学的发达，也使很多疾病变得不再可怕，可是，许多人的内心却陷入了荒芜境地。当一个人有意识地封闭自己的内心时，是任谁也走不进去的。

午夜梦回，你是否为自己的现状感到怅然若失？面对挫折、失败，你是否心生恐惧而裹足不前？看到别人收获鲜花、掌声，你是否陷在羡慕、生气、愤恨的情绪里无法自拔？别人的错误波及了你，你是否火冒三丈，难以自持，大打出手，最后伤人伤己？

一个人快乐与否，不在于外部环境的变化，有人住着豪宅也可能整天唉声叹气，而有人即便住在出租房里也能制造出快乐来。这完全取决于一个人的“心”。你是否想过，为何成功之人可以成功，而有的人却要在失败里痛苦沉沦？为什么有的人身处高位，在处理好工作的同时，还能怡然自得？为什么有的人只是一个小职员，却除了加班还是加班，即便周末也无法好好放松，继而对家庭也造成一定影响？其实，除了工作能力的强弱，一个人的内心强大也起到了极大的作用。比如，成功者想的是今日事今日毕，而失败者想的则是明天再做也不迟。这就出现了差异，明日复明日，明日何其多？每个明天都有新的任务产生，于是堆积的任务越来越多，一时间，恐惧、焦虑、绝望……全部涌上心头，身心健康便受到威胁。

在日常生活中，很多人在重视身体健康之余，也开始关注自己的心理健康。很多时候，心理健康决定着身体健康。当一个人的不良情绪产生时，他虽然试图走出去，却找不到突破口，就只能任自己越陷越深，进而身心俱疲。

不要总是抱怨生活，生活并没有亏待任何人，只是你不懂得生活罢了。同样的人生，不同的心态，就会有完全不同的结果。

一个拥有健康心态的人，会无偿奉献自己的微笑，用笑容去感染他人，温暖人生；他们总是用平和的心态去看待人间百态，任世间风起云涌，我心泰然依旧。

一个拥有健康心态的人，是宽容的，他们懂得只有宽恕别人才能解脱自己，而不是利用别人的错误来安慰自己。他们会生气，也会愤怒，但更懂得如何调节自己的情绪，而不是让内心蒙上阴影，以至于看不清事情的本质。

一个拥有健康心态的人，遇事积极主动，用最阳光的一面迎接各种挑战，即便失败也能坦然面对，他们不会让内心被不良情绪所困扰。

而当一个人的内心被悲观所占据，就会活在痛苦、空虚、孤独、绝望中，看不到希望，心理阴影会将人折磨得寝食难安，严重影响一个人的生活质量。生活中的问题无处不在，如果你过于被这些问题的旋涡所困，就会被这些旋涡带走，无法自拔。反之，秉持正念，保持一个稳定的心理状态和健康向上的生活态度，明了问题的旋涡就在那里，你静静地看着它，守候着它，不被它带走，你就会活得轻松、自在。

武彤芳

2017 年 10 月于上海

目 录

第一章

健康，从“心”开始

身随心动，境由心转

两位病人，病症相同。A 病人看着情绪起伏不大，B 病人则愁眉苦脸，不停地问医生：“我到底是怎么回事？我还能活多久……”医生一再强调，放宽心，等检查报告出来再说。A 病人神色自然地走出了医院，而 B 病人则仍然哭丧着脸。三天后，两位病人来医院取报告，医生说他们都长了肿瘤，不过是良性的，切除就没事了。A 病人依然没有多大反应，只是平静地听着医生的嘱咐。B 病人一听是肿瘤，当下就急了，问道：“严不严重？肿瘤切了还会不会再长出来？再长出来了怎么办……”医生虽然给了肯定的回答，但 B 病人还是将信将疑。医生让两人与家人商量后再住院开刀，而且强调越早治疗越好。

一周后，A 病人住院，安排手术，一个月后就出院了，除了有些食物忌口外，其他与正常人无异。三个月过去了，医生看 B 病人还没来医院，有些心急，打电话去询问，结果让人心惊不已。原来 B 病人觉得自己活不了多长时间，回家后整天唉声叹气，还动不动发脾气，病情急剧恶化，已于一周前病逝了。

人的思想在很大程度上支配着人的生理健康，在日常生活中，假如你经常感到生活没有意义，烦躁不安，这些负面的情绪犹如种子一般在你体内生根发芽。你的所思所想直接影响着你的健康状况，身随心动，就是这个道理。

身体有病了找医生是毋庸置疑的，可若是心病了呢？即便医生的医术再高明，恐怕也是无济于事。

人体生病一般是由两个方面的原因造成的，即实症和虚症。实症主要是指生理上的，比如风寒入侵；虚症主要是指心理上的，比如焦虑、郁结。人们常说：心病还需心药医。这话不无道理。有些人在大病面前，抱着无所谓的态度，看淡生死，即便不能完全康复，也比那些执迷不悟，心绪不宁的人要好很多。很早之前，就有医生主张快乐治疗法，事实证明，同样罹患癌症，有人无法面对，精神濒临崩溃；有人坦然面对，精神与往日无异。而两者的结果也大有不同，乐观面对自己病情的病人，总比那些郁郁寡欢的病人治愈的可能性要高。很多人在面对疾病时，会表现出悲观、绝望的态度，此时，体内的负面因子就会疯长，痛苦就会被无限放大，疾病的康复也就变得遥遥无期。

自古以来，中国人所推崇的中庸之道，很大程度上强调的就是“心”。诸葛亮也曾说过：“非淡泊无以明志，非宁静无以致远。”不论任何事，都以一份洒脱之气、一种沉静之心去面对，不以物喜，不以己悲，在很大程度上就可以缓解心理压力。

在现代社会，来自于各方面的压力，使很多人身心失衡，心态偏执，进而走进无尽的苦海。病由心生，只有将心治好了，你的健康才有保障。如今很多人在寻找长寿的秘方，纵观那些长寿之人，哪个不是心平气和的人。通常来讲，那些没心没肺，难得糊涂的人都容易长寿。有一些人大多时候都处在不良情绪中，如焦虑、担心、牵挂……复杂的心情让他们总是动不动就生气，进而诱发各种疾病。换句话说，你生病了，就是你的身体在提醒你，你的心有问题了。当心蒙上了尘埃，就容易钻牛角尖。世间一切事物，有因必有果，而所有的因皆来自于心。

《黄帝内经》里阐述了这样一条规律：喜伤心；怒伤肝；悲伤肺；思伤脾；恐伤肾。那些情绪波动大的人，通常心脏、心脑血管不好；总是疑神疑鬼的人，容易损伤胰脏；经常感到害怕、胆子小的人，肾脏一般不太好；而终日郁郁寡欢，最终失去生命的不在少数。如林黛玉，每天愁眉苦脸、多愁善感，看到落花也是如此悲戚，怎么会有健康的身体？林黛玉的悲剧，就是典型的病由心生。

生活中，很多人的疾病久治不愈，很大原因在于，他们给自己设置的心理障碍过多。他们常常会因为某些事而过分担心、自责，活在自己的世界里，作茧自缚的下场就是越来越萎靡不振。要改变这种状态，首先要改变自己的“心”。心境开阔，心态平和，遇事保持一颗平常心，时常清扫心灵的垃圾，改变心性，一切不良因素就会跟着改变，一个人所处的环境及境遇，也会随着心境的转变而转变。

持有心中的信念

文静从小失去父亲，母亲也扔下她改嫁了，她从小随奶奶长大。

随着年龄的增长，她的自卑感也越来越重，慢慢地，她将自己封闭了起来，很少与人接触。她最大的愿望就是走出山村，再也不受他人的嘲笑。10岁那年，村里来了一位年轻的女老师，人极好。

一天，文静照常趴在窗户边上偷听老师讲课。很多老师也都习以为常，没有搭理她。这位年轻女老师走出来，微笑着说："想听课吗？"文静低着头没说话，老师再问什么，她吓得哭了起来。在其他同学七嘴八舌的话语中，老师了解了大概情况。老师蹲下来，温和地对她说："不要哭，过去的都过去了，用积极的心去面对未来，只要你对未来充满希望，梦想就能成真。"

在年轻女老师的极力争取下，文静有了属于自己的课桌。她一直记着这位老师的微笑，老师说的话。通过努力，她走出了山村，在外工作不管遇到再大的困难也没喊过苦，用她的微笑收获了朋友，用她的勤奋换来了事业。

小时候的环境差点造就了文静扭曲的性格，试想一下，如果没有遇到那位老师，文静会变成什么样呢？或许成为一个唯唯诺诺，什么也不敢做的女孩；也或许成为一个极其叛逆，充满报复心的女孩。当一个人的内心充满了消极情绪，那么，他所有的行为也将是消极的。反之，当你想的都是积极的东西，那么，你的行为将变得更加积极。

一个人是否健康，不仅仅是看他有没有强健的体魄，还要看他的心理是否健康。健康需要从"心"开始，我们常说：心有多大，舞台就有多大。美国著名社会心理学家马斯洛说："心态改变，态度跟着改变；态度改变，习惯跟着改变；习惯改变，性格跟着改变；性格改变，命运就跟着改变。"你的"心"主导着一切，心若健康，梦想就在眼前。

梦想是美好的，可有些人常常望“梦”兴叹，原因就在于他们无法冲破心理障碍。心理有积极与消极之分，积极的心理为十分，消极的心理为零分。通常来讲，人的能力不可能为零分。我们来看以下两种情况：当消极心态占主导，那么，即便你的能力达到一百分，结果还是零；当积极心态占主导，那么，即便你的能力只有三十分，结果也有三百分。因此，梦想的彼岸是由你的“心”决定的。

快节奏的生活将很多人逼向社会边缘，他们开始惶恐，害怕无法适应社会，总是小心翼翼，却还是避免不了犯错。于是，我们经常能看到一些人烦躁得挠头抓耳，走在路上见到小石头就踢……这些小动作都反映了他们内心的不平静。

我们也常常会看到这样的报道：某人因生意失败而跳楼自杀；某人因被老板炒了鱿鱼而萌发轻生念头；某人因犯了一点小错就焦躁不安，不知所措……这些其实都是心理不健康的表现。

一个人的梦想能否实现，不是看他所拥有的知识多少，更不是看他拥有多少财富，最重要的是看其内心。当心中有信念，遇事积极面对，那么他终会取得成功。

王先生开了一家公司，因经营不善面临破产，他一个人默默承受着这些，体重在一周之内暴瘦了 10 斤。妻子意识到了问题的严重性。这天，王先生愁眉苦脸地回到家，妻子柔声问道：“发生什么事了吗？”

王先生欲言又止。在妻子温柔的目光注视下，王先生才吞吞吐吐地说：“公司完了，这栋房子也被查封了，我们什么都没有了。”妻子握着王先生的手说：“你还有我，还有可爱的孩子，再说了，你这么聪明，又有经验，肯定可以从头再来的。房子查封就查封了，我们可以先和爸爸妈妈一起住，相信你一定可以把失去的再赚回来。”

王先生听完妻子的话，内心非常激动，重重地点着头。妻子笑着说：“那么，现在是不是可以吃饭了？瞧你因为这点小事把自己的身体折腾成什么样了。”王先生的心中又燃起了希望。过了短短的一年时间，他的公司就又重新走上了正轨。

消极的心态不仅损害身体，最重要的是，它阻碍了成功的脚步。任何事情，当你用积极的心态去面对，那么，你就会收获更多财富。故事中的王先生，因为公司破产唉声叹气，身体也每况愈下，在妻子的开导下，重拾乐观心态，恢复身体健康的同时，也取得了成功。

很多人因为节假日天气不佳而心情烦躁，结果整个假日都在负面情绪里度过。其实完全没有必要，你无法改变天气，却可以改变自己的心情。学着控制自己的内心，用积极的心态去面对外界环境，你会发现原本在自己眼里无法接受的事物也变得可爱起来。一个人消极时看到的都是负面、悲观、灰暗的一面，这样的“心”会带你走入无尽的深渊，长此以往，不仅损害身体，还会让你的一生变得没有色彩。

心中有信念，希望就不会破灭，由“心”出发，让坚定的信念带你走出困境。当你意识到自己产生了消极心态时，就要马上“跳出来”，否则你会一直消沉下去，无法自拔。其间你会耗费大量的精力，而无暇顾及更重要的事，因此，及时调整自己的心态是非常重要的。

健康由己不由人

这是个“全民谈健康”的时代，越来越多的人开始注重自己的身体健康问题，不管是每年一次的身体检查，还是保健品市场的持续火热，都说明了人们对于健康的关注度。可是，在关注身体健康的同时，很多人往往会忽略心理健康问题。真正的健康并不是指单一的没有疾病，应该还包括心理上的健康。当身体和心理两个方面都符合标准，才是真正意义上的健康。

有人说，“我身体好得很，吃得好、睡得好”，可是一遇到事情就下意识躲起来，或是事情处理不好就担心得睡不着觉，这便是一个人的心理在作怪。现如今，人们对于物质的追求越来越强烈，可是物质满足的同时，却觉得心灵越来越空虚。看到身边的人谁比自己过得好就心生嫉妒，工作稍有不顺心就乱发脾气……

这样的坏情绪不仅使人际关系变得紧张，最重要的是影响身心健康。那么，如何才能做到身心都健康呢？

很多人不管是面对生活还是工作，都抱着得过且过的心态，却反过来抱怨生活太乏味；他们的人生缺乏目标，遇事总是徘徊不定，要想成功是很难的。人生是不断追求的过程，受各种因素的影响，在很多时候我们需要面临选择。如果目标不够明确，鱼和熊掌都想要，或者反反复复，在鱼和熊掌间犹豫不决，那么，你的一生就注定会在碌碌无为中度过。目标明确，向着成功迈进，是获得健康的要素之一。

予人玫瑰，手有余香，懂得付出，你会更健康。因为付出，你会收获微笑、友善、快乐……以宽容之心对待身边的人和事，你会获得更多的积极因素。积极因素也是可以积累的，当你习惯于积累美好的事物，遇到事情总能看到积极的一面，那么，当你有不顺心的时候，这些积极因素就会提醒你，你的前景是美好的。这样，你就有了向前走的信心与勇气。

现在有很多年轻人仗着自己还年轻，于是光明正大地透支自己的身体，不是泡夜店，就是晚上熬夜干活、打游戏，早上起不来。古时就有“日出而作，日落而息”的说法，这是符合自然界规律的。该休息的时候就要休息，否则身体失衡，就会疾病缠身。还有的人对于自己的饮食从来不注意，冰的、烫的、辣的、甜的，一概都往肚子里塞，大鱼大肉，烟酒不离口，这样身体怎会不透支。有意识地培养自己良好的生活习惯，早睡早起，饮食搭配得当，你将受益终生。

有个小伙子，压力一大，就喜欢一个人提着几瓶啤酒找一个安静的地方独饮。一手拿着烟，一手灌着酒，直到深夜，第二天带着晕乎乎的脑袋上班。他总以为这样可以缓解心中的郁闷，可情况不但没有缓解，健康也搭进去了。

这种人遇事总用逃避来解决，非但解决不了问题，还会进入恶性循环，使情况越来越糟。

一说起锻炼身体，很多人都会说：“哪有时间啊，工作都忙不过来……”的确，如今人们的生活节奏越来越快，连看看路边的风景都觉得奢侈。可是，必要的体育锻炼是不可少的，它不仅可以促进血液循环，使人的头脑保持清醒，还可以让人的思维变得敏捷。我们常说，生命在于运动，在拥有强健体魄的前提下，心理才会更轻松，才能更好地处理事情。试想一下，如果三天两头的不是头疼，就是腰疼；不是失眠，就是总睡不醒，这样的状态如何应对所要发生的事情。

面对繁重的工作，很多人都忘记了自己也曾有过兴趣爱好。每天两点一线的生活使他们对任何事都提不起精神，明明只有 30 岁左右，心却像 70 岁老人一样不堪重负。这样的情况是很危险的。应该适当参加一些活动，如学画画、跳舞、下围棋等，给自己紧张的生活与心情找到一个寄托，坚持下去，心就会慢慢变得平和。

你的健康掌握在自己手里，无论是生理还是心理，其实两者是相通的。当你心理失衡时，身体相对应的器官就会做出不正常的反应。比如，有些人一激动就头疼；有些人性格自闭，长期处于抑郁状态，那么，免疫力就会逐渐下降，此时疾病就会找上门；还有些人明明身体很健康，可总是疑神疑鬼的，总怀疑自己有什么病，每天闷闷不乐，结果就真的一病不起了。

任何事都有两面性，不要总觉得委屈、失望、自卑……这些负面情绪对身体有害无益。人的一生荆棘丛生，磕磕碰碰在所难免，如果总是悲观处世，那么，再健康的身体也不够你消费。走出负能量，才能活出自我，人生才会走向成功。

学会接纳外部的刺激

随着生活水平的提高，人们对健康的关注也越来越多，而与此同时，也出现了一个新名词：亚健康。人的身体从表面上看很健康，实则就如绷紧的绳子，随时有断开的可能。现在有很多人的身体都处于亚健康状态，此时，保持一个健康的心理尤为重要，而心理是否正常，有一个明显的特征，就是是否适应外部环境。

大千世界存在太多的变数，我们的一生就是在不同的环境中来回转动，因此，拥有良好的适应能力非常重要，它能让你在不同的环境中应对自如。

很多人生活在一个固定的团体生活中，会不自觉地被身边人所影响。一个人的大多数思想、行为、爱好等的形成与发展，与其所处的环境有着很大的关系。比如说，家庭生活和谐，孩子就会充满爱心，与人为善；父母爱好文艺，孩子多半也有这方面的天赋；父母对孩子不是打就是骂，孩子或许就有暴力倾向……可见，外部环境对一个人的影响有多大，不然也不会有“孟母三迁”了。

人的很多心理活动，在很大程度上取决于环境刺激所带来的影响。比如说，无意间看到一幅充满阳光的图片，心里就会暖暖的。再比如说，一早起来心情本来很愉悦，可是，上班路上遭遇堵车，5 分钟时还能压抑心中的不快，那么，20 分钟、30 分钟……人就会变得异常烦躁，或许一整天都处于这种不良的情绪中。

针对这种情况，我们可以理解为：当给予一个人愉悦的外部刺激时，就可以改变其不良的心理状态。在生活中我们常常会遇到这种情况，学生在临考前，因精神过度紧张，家长常常会想办法制造让子女不紧张的环境，比如带他们出去走一走，或进行一场轻松的对话，以此来缓解其内心的紧张感。还有一些经常参加比赛的选手，他们都有一套自我减压的方法，这些都属于外部刺激。

事实证明，通过外部的各种刺激可以增加人体的自主反应，可以将处于休眠状态的身体活动慢慢激活。也就是说，不管是快乐的或是不快乐的情绪，都会随着刺激而加强，而人在本能之下，选择更多的是快乐的感觉。

郑先生来公司已经一年多了，最初的伟大抱负早被抛诸脑后，工作激情被一点点磨灭，每天工作以应付居多。上司需要检查的工作，他会认真完成，反之就敷衍了事。郑先生想换工作，可又舍不得这里的高工资。可是一进公司就让他觉得很压抑，面对工作也是打不起精神，这让他异常郁闷。

后来，公司换了新领导。半年以后，整个公司有了极大的改变。原来，新领导上任后，只着重强调了一点：每位员工都必须严格遵守公司制度。一开始，郑先生根本不屑一顾，上班该迟到的迟到，该聊天的还聊天，工作能拖就拖。但在发工资时，他发现比平时少了很多，一问之下，才知道是因为违反公司制度被扣掉了。

从那以后郑先生没有再迟到，工作态度也变得严谨了。当然，有罚肯定就有奖。郑先生因为业绩突出，被领导送去参加特别培训，回来后直接担任了团队负责人。

在这样的氛围下，每个员工的工作效率自然都提高了。虽然很忙碌，但很充实。更让他们觉得奇怪的是，虽然有时工作量很大，但基本上没有熬夜加班的情况。以前两天才完成的工作，其实一个上午就能搞定；以前一天下来总是不开心，但具体为什么却说不上来，现在走出办公大楼，每个人的脸上都挂满了自信的笑容。

在工作环境中，很多员工的工作效率不高，有些是由于能力不足，而大多数则是心态不端正所导致的，此时就需要进行一定的外部刺激。员工在完成某件事情后，可以采取适当的刺激行为，比如奖励。当然，奖励要循序渐进，起点不应过高，但也不能过低，把握好度，才能使员工创造更多的有效价值。

积极的外部刺激可以让人产生积极的行为。身处职场，在高压之下，很多人都会变得紧张、焦虑，这些不适的心理反应会降低他们的工作效率，因此，采用适当的外部刺激可以缓解这种单调的环境压力，调动其主观能动性。

一颗健康的心，可以产生乐观的态度，进而形成积极的行为。良好的心态对于健康、生活以及工作都是非常重要的，在人际关系中也起到了润滑剂的作用，而长期处于悲观状态，在很大程度上会影响人的正常思维，进而对身体各个机能带来不利影响，成为健康的隐形杀手。

成长与快乐

咖啡厅里，芊芊正坐着发呆。此时，一个与芊芊年龄相仿的女孩在她对面坐了下来。两人是极好的朋友，从小一起长大，性格却截然相反。女孩一坐下来，就笑着说:“公司换了一个新上司，整天沉着脸，好像谁欠他钱一样。”芊芊说：“那你还这么开心，哪天被他抓到小辫子你就惨了。”女孩俏皮地说：“那有什么，我好好地做我的事，看他也不像无中生有的人。”芊芊叹了一口气说：“唉，真羡慕你，总是一副无所谓的态度，整天都那么开心，好像什么事在你眼里都不是事。再看看我，每天面对那么多枯燥的数据，烦都烦死了。还是小时候好，没什么烦恼。”女孩说：“是你对自己要求太高了，其实生活还是很美好的。”芊芊苦笑一声说：“美好？我一点都不觉得。尤其是看着自己越来越大，却还一无所有，就觉得生活太难了。人要能不长大该有多好。”女孩说：“你怎么会一无所有呢？你有疼爱你的父母，有稳定的工作，有爱你的男朋友……这么多值得开心的事……”芊芊打断女孩的话：“可这些都不是我想要的。”女孩诧异地问道：“那你想要什么？”芊芊却无言以对。

是啊，你到底想要什么？对于这个问题，相信很多不快乐的人都回答不出来。他们之所以不快乐，是因为他们偏离了正确的人生方向，而去追求一些不切实际的东西。

年龄栏上不断增加的数字，提醒着我们已经长大了，随之我们的心也变大了，追求的东西多了，当难以达成时，我们就开始不快乐。很多时候，不快乐是因为我们放不下。

小时候盼望快点长大，而长大了却希望回到童年，此时，很多人会感慨，还是小时候最快乐。时间匆匆溜走，走过青葱岁月，在我们的脸上再也看不到纯真的笑容，无忧无虑的生活似乎只存在记忆里。我们日渐成熟，走向社会，背负起了各种责任，结婚、生子、工作、事业，来自于各方面的压力使我们喘不过气来，于是便有了这样的感慨：为什么越长大就越不快乐。

小时候我们可以肆意玩耍，对任何事情都可以理所当然地不管不顾。随着年龄的增长，贴在我们身上的“身份标签”越来越多，为人子女，需尽孝道；为人父母，需赚钱养家；为人下属，需认真工作；为人朋友，需维系好关系……在各种身份间转换，让很多人力不从心，也越来越不快乐。

小孩子的快乐来得是那么简单，一颗糖、一个小小的玩具，都可以让他们开心很长时间。而有的大人呢？哪怕给他一百颗糖，他也不会开心。

其实不难发现，快乐的人都热爱生活，他们善于发现生活中的美好。现实生活中有很多成年人生活得很快乐，每天笑呵呵的，有时像小孩子一样，我们常形容他们：童心未泯。可能很多人觉得他们幼稚，做着与年龄不相符的事，可是，有谁规定哪个年龄段必须要做什么吗？没有。大多数人在成长的过程中，将“童心”压抑在最底层，所以越来越不快乐。其实这个世界没改变，你也没改变，你的不快乐源于你的“心”。

常常听到这样一句话：愈简单愈快乐。的确，成人的世界过于复杂了，一睁眼就开始算计，今天吃什么最划算？如何得到上司的提拔？如何将竞争者踩在脚下？如何改变当前糟糕的生活……各种各样的算计让他们没有精力去享受快乐，更没有时间去发现快乐。

小时候，没得到心爱的玩具，会哭鼻子，可哭过之后就忘记了；与小朋友起争执会打架，可隔天照样笑着手牵手……再看看现在，与人发生一点口角就怀恨在心，见面也绕着走；看到别人比自己过得好，就嫉妒眼红……看惯了勾心斗角，我们的心也越来越阴暗，进而发现不到生活中的美好。

不快乐的人，最可悲的地方在于，即便发现快乐的事物，他们也极力压制，或许并不认为那是快乐的。不知是我们让这个世界越来越浮躁，还是这个世界让我们变得越来越浮躁，而一颗浮躁的心是感觉不到快乐的。

其实，我们大多数的快乐都来自于生活中极其细微的小美好。没有谁的生活是一帆风顺的，与伴侣吵架，在公司受到不公平待遇，投资失败等，这些很多人都会遇到。怨天尤人是无法解决问题的，用乐观的心态去面对，你会发现，实际上并没什么大不了的。

每个人在长大后，都会负有一些不可逃避的责任。如果你总觉得自己不快乐，那么，就要学着改变自己的观念。在自我观念中，你是否为了你的“不可得”而自暴自弃？是否理所当然地享受他人的赠予，却不懂得感恩？是否因别人违背了你的意愿而大发雷霆……如果是，那你肯定不会快乐。快乐是给予，是奉献，修炼自己的内心，消除内心不积极的因素，以平和的心态看待这个世界，拥有的永远比失去的多。试着享受工作，享受假期，你会发现，身边极小的事物都会使你快乐起来。

情感和免疫力

有一位病人，有段时间总觉得胃疼，最后诊断是胃癌。他觉得天都要塌了，吃也吃不下，睡也睡不好，家人想着法儿让他开心，可他笑过之后却更加郁闷。一天，一位朋友送了他一幅“笑”字。他的妻子将“笑”字挂在床头，病人每天早晚都能看得到，一看到这幅字，他就会心情愉悦，慢慢地，他的饭量增加了，看问题也没那么消极了，免疫力也提高了。五年、十年……过去了，他还好好地活着。

从这里我们可以看出，情感对一个人的重要性。事实也证明，大多数的疾病与人的情感有关，很多人以为自己将情感隐藏得很好，不愿使自己的情绪出现大的波动，极力压制内心的情感，但他们忽略了这股力量对身体的反应，情感的负面力量会摧毁一个人的身体。每当心情郁闷或感到焦虑时，就要提醒自己：既来之，则安之，不要让自己在不良的情感中沉沦。悲观解决不了任何问题，而压抑的情感并不会消失，当积累到一定程度时，它就会从身体里爆发出来，造成严重的后果。

俗话说，心情好，病也好得快。只要勇于面对人生，养成良好的生活习惯，从心底里感到快乐，那么，你的大脑就会接收到良性刺激，形成良性循环，身体内部就有了对抗疾病的能力。就像旧时家中有人生了久治不愈的病，就会想办法“冲喜”，有的是举行盛大的婚礼，有的是办一场寿宴，认为这样可以消灾祛病。其实，这种做法不无道理。有很多人因为生病而心情低落，总觉得自己弱不禁风，久而久之，他们的免疫力就会变得越来越低，病情也因此加重。对于这些人，医生常常会为他们开一些提高免疫力的药物，以此来对抗疾病。而除此之外，保持一个好心情，对提高免疫力也非常有帮助。

身体明明很好，营养也均衡，可为什么还会生病呢？这就是免疫系统出现了问题。通常大脑会发出信号，免疫系统细胞负责接收，然后指导各细胞的活动。这个时候，如果在传递过程中出现了问题，那么对免疫系统中的细胞活动就会造成影响，免疫系统就无法发挥其作用，或起到的作用很小。

心是身体一切功能的主宰，心好了，一切皆好。中医理论中，将心与脑部功能结合起来，而且认为心与免疫功能关系密切。很多人因为长期处于紧张状态之下，身体免疫力遭到破坏，相对应的身体部位就会发出警告。所以，对于一个人来说，遇事积极乐观，用健康的心态去面对是很重要的。我们常说：笑一笑，十年少。当你感到心情舒畅时，烦恼自消，身体的各个功能也自然会处于正常水平。

生活有喜有悲，就看你以何种心态去面对，当遇到不顺心的事，一笑了之，不要让它妨碍你快乐地享受生活。生活多姿多彩，总能发现美好的一面，始终让自己的生活充满希望。当你学着感受生活中的美好，体内的积极因子就会被调动起来，使你有更大的能量对抗外来不良因子的侵袭。

因此，保持良好的心情是拥有一个好身体的前提。

是什么在影响你的“心”

快节奏的时代，无论是生活还是工作都向我们提出了挑战，让很多人的心理不堪重负。如果心理不够健康，就会很容易被击垮。

现实生活中，没有人会承认自己心理有问题，但是一些所谓的健康人，时常会有心烦意乱的感觉，在他们看来生活是绝望的、煎熬的。还有些人则害怕与别人交往，总是疑神疑鬼，更有甚者走向了极端。

在信息发达的今天，经常能看到因抑郁而自杀的新闻。要想尽快适应这个纷繁复杂的社会，就需要具备良好的心理素质。

心理健康的人会乐观地面对周围的人和事，他们有明确且健康的生活目标，但不会苛求完美；积极进取，但不会违背客观现实。反之，心理不健全的人总喜欢挑战道德底线，过于在乎自己的需求，无视道德规范；也有的人努力让自己的行为与道德规范相符，可是自身心理需求却无法得到满足，因此常常感到苦恼，无法发泄。显然，这两种人的心理都属于失衡状态。

那么，是什么在影响你的心理健康呢？

对于一个人来说，一出生首先要面对的就是家庭，父母的一言一行在潜移默化之下会影响一个人的心理。一般来讲，家庭和睦，心里就充满阳光。反之，如果家庭里吵闹不断，也会影响一个人看待事物的角度，而且其在情感上通常比一般人要敏感，一件很小的事都会被他们无限放大，进而造成情绪上的波动，甚至与人起冲突。

小彬的家庭比较特殊，是个重组家庭。他随母亲一起到了现在的家庭，现在的“爸爸”身边也带了一个儿子。小彬的亲生爸爸对他并不好，不是打就是骂，这让小彬变得异常敏感，对现在的“爸爸”是既期待又害怕。半年的时间，彼此相处融洽，可是小彬还是发现了很多不对劲的地方。一家人都在时，新爸爸对他特别好，可是单独相处时，小彬就能明显感觉到新爸爸的敌意。

一次吃饭时，小彬开口说，想要一个平板电脑方便学习，他母亲同意周末带他去买。第二天，新爸爸找小彬谈话，言语中不乏威胁、嘲讽之辞，总之，就是让小彬打消买平板电脑的念头，迫于无奈小彬同意了。可是，一个月后，新爸爸却给他的儿子买了一个平板电脑，这让小彬很生气，可又不敢说。小彬的母亲忙于生意，只是每个月按时给他生活费，其他的一概不关心。小彬于是变得越来越叛逆，先是逃学与社会上的不良青年鬼混，后被学校勒令退学，更是无法无天，还找人将新爸爸打得住院。小彬也越来越偏离了正常的人生轨道。

每个人不可避免地都会经历顺境或逆境，顺境时心情愉悦，对心理就会产生积极影响，增加一个人的自信。逆境时心情郁闷，对心理就会产生消极影响，使一个人产生挫败感。我们都想要一帆风顺的生活，但是需知道，如果一切都过于顺利，也会消磨一个人的斗志，影响你的心理健康，使你的应变能力大大减弱。

有一个人，从小过着养尊处优的日子，什么事都有人替他打点好，要什么有什么。他并不觉得这样的生活有什么不好，反而很享受，挥金如土。他的身边有一群所谓的朋友，每天吃吃喝喝，当然，每次都是他付钱。直到有一天，家庭突遭变故，公司被查封，父母双双自杀，他变得一无所有。他去找以前的朋友，可一个个都躲着不见他。他骂这些人不讲义气，却没想过如何改变现状。住惯了大房子，小小的出租屋让他彻夜难眠。以前的生活一帆风顺，他早已无法适应这个社会了，甚至连怎么坐公交车都不知道。他去应聘，却比老总还像老总，一句话不对，摔门而出。拮据的生活使他内心变得无比彷徨，却不知道该如何排解。

无论面对顺境或是逆境，都要保持一颗平常心，不要轻易被外界环境所影响。性格与一个人的心理健康有着很大的关系，一般性格外向的人，较为热情，其心理健康相较于内向的人要好很多，而且在处理人际关系上，性格外向的人更容易营造出和谐的氛围。性格内向的人总喜欢将心事埋于心底，很容易钻牛角尖，因长期禁锢在自己的小圈子里，而变得自私、怯懦，在与人交流时也常常会出现偏差。

生活中，很多人都说人生没有方向，不知道何去何从。其实，很多时候，是他们对自己没有一个正确的认识。无论是生活还是工作，都要给自己制定一个适当的目标。有了奋斗的目标，生活自然变得有意义。需要注意的是，不能好高骛远，不切实际的目标会对目标的实现带来影响，进而影响心理健康。

当心理出现问题的时候，就要及时排解。自身无法排解，也可以找信得过的朋友交谈。所谓旁观者清，或许朋友无意间的一句话就可以点醒你。不要让自己长期处于绝望、压抑的心理状态，最重要的是学会自我调整，保持良好的心理状态，才能有效地处理好各种事情。

享受内心的平静

一位老者有两名弟子，都非常聪明。一天，老者让两位弟子默写昨天刚刚教过的知识。两位弟子坐下来开始默写，一位气定神闲，下笔流畅且工整。再看另一位，虽下笔流畅但字迹过于潦草，很多字都辨认不出来。老者看着两人交上来的试卷，问那位字迹潦草的弟子：“你心不静，所以写出的字也不静。说来听听，何故？”弟子将原因说了出来。原来街上有庙会，他一心想着快些写好，好去凑热闹。老者又问另一位弟子：“你难道不想去看庙会吗？”该弟子答：“想啊，但再想也要先把眼前的事做好，才能安心地去。”老者会心地点了点头。

两位弟子，一位管不住自己的心，因此做事变得敷衍；另一位弟子，再忙也能保持一颗平静的心，不会轻易被外界所干扰。现实生活中，很多人总是感觉内心不安，做事情过于急切，手上做着一件事，心里担心着另外一件事，总想着尽可能多做事，可是到头来却一事无成。因为，他们管不住自己的心。

比如说洗衣服，总想着赶紧洗完去做更有意义的事。于是，怀着急切的心情将衣服快速洗完了，等衣服晾干以后，才发现根本没洗干净，不得不重新洗过。在这种恶性循环下，不仅做不好事，还会让自己更累。

随着生活水平的提高，一般的物质上的满足已经无法使人们感觉到幸福了。越来越多的人开始明白，很多问题是物质解决不了的，面对种种问题，唯有掌握好自己的“心”，使其偏向积极的一面，才能看到希望。

世事无常，就看你以什么样的心态去面对。我们时常会被各种情境所影响，进而与最初的目标背道而驰。为什么同样的问题，不同的人会给出不同的答案？这主要是取决于每个人看问题的态度。每件事情都会有无限种可能性，如果可以正确面对，那坏事也能变成好事。

一个人的心理决定了态度，而态度决定着行为。什么样的心理就会产生什么样的态度。当心态的平衡被打破，就会影响身体的正常运转，也就是中医学所说的，百病始于心。

境由心生，以什么样的心态面对人生，就会收获什么样的人生。我们无法左右环境，却可以试着改变自己的心；我们无法驾驭生命，却可以坦然面对生活中的无数可能。很多人在面对生活的苦难时，总会觉得透不过气，任由不良的情绪侵蚀自己的心。试着转化心情，不要去指责世界的不公，也不要为某些小事伤心不已，我们需要做的就是管住自己的心，只有把心管好了，那么，就不会看到不该看到的东西。心胸坦荡，淡然处世，你会更轻松。看着身边的人都用苹果手机，你无须因攀比心而节衣缩食去买，要知道，手机只是一个通信工具而已；身边的情侣都去高级西餐厅吃饭，你也无须介意，要明白，两个人真心相爱才是最重要的，即便只是去湖边散散步也是开心的。你的心感受到的是积极的因素，你就容易幸福。

只有心正常了，才能活得坦然，才能乐观地面对生活中的所有苦难。酷暑难耐，有人心烦气躁，做什么事都提不起精神。而有人则摇着芭蕉扇，怡然自得。我们常说，心静自然凉，从某种程度来讲，环境会对一个人的心情造成影响，但你同样可以用积极的心境去适应环境。很多时候，只有心静了，一切也都不是事了。

第二章

心境宽度决定健康程度

你可以到达任何高度

每个人的心里都住着两个自己，一个会说："我一定能做到。"另一个则会说："我恐怕做不到。"在生活中，第一个自己会发挥自身所长，自信地面对一切。而第二个自己却总是想着"我不行""没用的"……渐渐地，也就不再去努力了。在很多时候，这其实只是个心理暗示，遇到事情如果一直提醒自己"我一定可以做到"，那么，你肯定会努力达到目标。

没有谁的一生是风平浪静的，偶遇风暴，唯有相信自己，才能乘风破浪，到达成功的彼岸。生活中总有那么一些人，他们过于看轻自己，在他们看来，周围的人都有自己存在的意义，有人事业有成，有人家庭幸福，反观自己却一无所有。他们从不相信自己可以取得成功，于是一生碌碌无为。

当一个人的心理出现障碍时，强烈的自卑感会让他们不断担心自己哪里会出错，害怕受到他人的指责。所以，在面对非议时，他们总会表现出极度痛苦及沮丧的情绪。这会使他们变得越来越情绪化，无法正确反思及学习，久而久之就会无法适应环境。当一个人不再学习、不再锻炼、不再反思时，适应能力也就渐渐减弱，到最后便真的相信，自己什么事也做不好。

公司有个去美国学习的机会，但首先要通过英文考核。有很多同事因此而放弃了，他们觉得自己一定是没有机会的，何必去白费力气。英文也是小敏的弱项，但她很想得到这次学习的机会。离考核还有三个月时间，小敏算了一下时间，觉得啃下这一块硬骨头不成问题。于是，她每天除了将自己的工作做好之外，剩余的时间都用来学习英文。同事对小敏的做法嗤之以鼻，都觉得她不可能成功。小敏却毫不理会，她相信自己可以做到。

三个月后，小敏的英文考核通过了，之后的一系列考核也都非常顺利，她最终圆了自己出国学习的梦。

在生活中，有很多人都习惯性地躲在厚厚的“自我保护壳”里，不思进取、患得患失，不是没有能力，而是不相信自己可以做到，总是说：“再等等吧”“我担心……”畏首畏尾，固守着一方安乐土，不愿轻易冒险，从而错失了很多机会。

其实，在这个世界上，没有人做不到的事情。有很多人因为不敢承担失败的后果，于是不敢前行；有些人则还没有行动就先否定自己的能力，一遇到挫折就马上退缩，这种心态，注定会使他们与成功无缘。上天是公平的，在给予你苦难的同时，也会带给你幸运，这是需要一个过程的，如果你在苦难面前转身了，是无法等到幸运的。当你有了持之以恒的耐心，那么就没有过不去的坎儿。相信自己，你可以到达任何高度，不要总觉得自己不行。勇敢迈出第一步，走过严冬，终会看到春暖花开。

一个心态正常的人，自信是其不可或缺的品质。不管面对什么事，都要相信自己一定能行。如果你连自己都不相信，谁还会相信你呢？

困难并不可怕，绝望背后就是希望。遇到挫折，一旦你的脑海中闪现出怀疑自己的念头，就对着镜子说："我一定能行，我相信你。"心里默念几遍，就会给你增加勇气，你就会真的相信自己可以做到。

鲁迅说过，时间就像海绵里的水，只要愿挤总还是有的。很多人总说自己没时间，当遇到意料之外的事件时，却总能挤出时间去处理。人的潜力也是如此，只要挤就一定能挤出来。凡事不要还没开始就先说"我不会"或是"我不行"，也不要觉得梦想高不可攀，有些人心里不甘心平凡，却不懂得如何去改变平凡，这是悲哀的。久而久之，他们就会变得麻木，对任何事都提不起热情和兴趣。相信自己是一种信念，这种信念可以支撑你完成任何不可能完成的任务。

敢于拼搏，努力拼搏，你就可以渡过一个又一个难关。在这个世界上没有谁可以把你打倒，能打倒你的只有自己。所以，坚定信念，相信自己，便可以为自己的人生谱写出一篇篇华美的乐章。相信自己一定能行，不要让消极的心态影响你前进的脚步，就算遇到暂时的失败，也要有从头再来的勇气，这样，你的路才会越走越宽。

没有什么大不了

人在成长过程中，磕磕绊绊在所难免。面对挫折，有人因为害怕而裹足不前，萎靡不振，这种人是无能的。而另一种人则把挫折当成垫脚石，勇敢面对，在他们看来这没什么大不了的。即便再次失败，也会勇敢地站起来。成功者之所以成功，就是因为有不屈不挠的精神，他们信奉：从哪里跌倒就从哪里站起来。

人生没有绝境，只有自己给自己设置的牢笼。当你的心灵匮乏时，你的思想被胆怯与消极所占据，才是真正地走入了绝境，任谁也救不了你。这时候你想的最多的就是：没有出路也没有退路，只能认命了。于是，开始自怨自艾，最终被狂风席卷，之前所有的努力也付诸东流。而勇于直面人生的人，对任何事都抱着积极的态度，不会在困难面前低头，他们会想尽一切办法走出困境。

对于史玉柱，相信很多人都不会陌生，从债务缠身的“负翁”一跃成为真正的富翁，这不是谁都能做到的。史玉柱成为传奇，而传奇背后是他勇敢面对困境的心态。当初，巨人公司倒了，史玉柱负债累累，面对巨额债务，他没有逃避，承诺一定会将欠下的钱还了。对此，很多人都不相信。的确，在那样的环境之下，没有人会相信。可是，史玉柱做到了。在失败面前，他懂得总结经验，不断完善自己。于是，他不仅还清了巨款，还重新成为受人仰慕的著名企业家。

失败没什么大不了的，即便变得一无所有，又有什么关系？你有头脑，有手有脚，完全可以重新出发。勇敢面对一切的人，即便处于不利的环境中，也能想办法一一克服，他们认准的事，困难再大，也会尽力去做。

在面对困境时，保持良好的心态很重要。生活中不乏聪明之人，可真正敢于挑战的少之又少，他们心里缺乏挑战的勇气。我们常说：

不经历风雨，怎么见彩虹。失败并不可怕，可怕的是你连失败的机会都没有，岂不可悲？无论是面对工作中的困难，还是面对生活中的苦难，都要敢于挑战自己，不要因绝望而却步，这样才能争取更多的成功机会。有些事情看似很难，实际上却不难，只要勇于尝试，你就会有意想不到的收获。

小米是一家外贸公司的职员，刚刚与男朋友分手。两人在一起五年了，小米将最美好的年华都奉献给了男朋友，但他却因为另一个女孩而抛弃了小米。五年的时间对于一个女孩子来讲是很珍贵的。两人是大学同学，毕业后就同居了，一起在陌生的城市里打拼，憧憬着未来，看着高楼林立，万家灯火，那时的男朋友信誓旦旦地说，会为小米置办一个属于他们的小家。小米为他流过两次产，也为他拒绝了很多条件相当不错的爱慕者，可他们却没能走到最后。

小米的朋友都替她感到不值，但小米却一笑了之。朋友能从小米的笑容里看到苦涩，但却不知道该如何安慰她。

如果失恋尚不足以让小米绝望，那接下来的事却足以让一个心灵脆弱的人崩溃。从小将小米带大的外婆因外出不小心被车撞了，抢救无效死亡。小米的眼泪不停地流，似乎要将之前所有的委屈一并哭出来。她真的成了孤家寡人。在小米五岁时，父母就双双去世了，她与外婆相依为命。虽然生活清贫，但她却活得很开心，因为外婆待她极好。处理完外婆的丧事，小米失去了大半力气。

她一个人静静地收拾着外婆的遗物，任何一个小物件，都细心收好。外婆的去世让小米的笑容越来越少，本来阳光开朗的她变得沉默了，偶尔会笑，但多了份沧桑。

小米有时也会觉得上天对她太不公平，连最亲近的外婆也要被夺走，但她永远记得外婆对她说过的一句话：面对是解决问题最好的方法，孩子，做任何事都不能逃避，面对了，你会发现，其实没什么大不了的。

带着外婆的话，小米一直坚强地生活着。就算遇到再大的困难，她也没有选择逃避。

在很多情况下，人在面对未曾发生的事情时，会感到恐惧、害怕，下意识地想要拒绝面对。可是，当事情真的发生，只要坦然接受，勇敢面对，它其实并没有想象中的那么难以接受。遇到再大的事，生活还是要继续的。沉迷于痛苦之中并不能解决问题，相反，还会击垮你的身体。

在失败与苦难面前，痛哭流涕、怨天尤人不是一个聪明的做法。只有让自己冷静下来，才能寻求到方法，解决问题。如果总是活在过去，不敢面对未来，生活就会进入恶性循环之中。每个人都无法逃脱生命中的苦与难，唯有面对，让痛苦的感觉走过心灵，沉淀下去，才会获得重生。在纷纷扰扰的世界中，学会简单、平和地看待一切，你的心灵就会归于平静，面对任何事都能淡然处之。

困境可以磨灭人的斗志，同时也能锤炼人的意志，直面困境，时刻提醒自己：没有什么大不了的，失败了，大不了从头再来。抱着这样的心态，你便能勇往直前。

远离狭隘，内心就会强大

小陈的工作能力很强，在公司里也深得领导重视，慢慢地，他开始自以为是。新的一年，公司迎来了一批新人，K 就是其中一位，他从海外归来，是公司特聘的。之后，小陈渐渐发现，上司对他的态度不如以前了，对于他提出的方案，上司总会再去询问 K 的意见。这让小陈很不高兴，可又不能拿上司怎么办。于是，他把矛头指向了 K。

他认为 K 是新来的，就算是海归也是徒有虚表。他开始处处刁难 K，他每天想得最多的就是如何让 K 难堪，以至于忘记了还有更重要的工作等着他去处理。他的工作效率直线下降，上司已经不止一次批评过他。他不但不改正，而且还认为上司之所以批评他，是因为 K 向上司告状了。他于是变本加厉想办法为难 K，这些小动作终于被上司知晓，在劝说无果后，上司找理由将其开除了。

无法容忍他人比自己强，这是心胸狭隘之人最明显的特征。这种偏执的心态让他们的世界里只容得下自己，当身边出现了比自己强的人，他们就会觉得自己成了别人的陪衬，这让他们无法接受。面对这样的情况，他们开始焦躁不安、心烦意乱，进而影响到正常的生活。

狭隘的人通常都是自私的，他们不懂得如何爱自己，当然，更不懂得如何爱他人。狭隘之心就如毒药一般，让人变得贪婪、吝啬，见不得别人好，活在自我观念里。

狭隘之人有着很强的嫉妒心，有人能力比他强，心里就不服气；

同事升职，他觉得是采取了不正当手段；别人开玩笑的话，他总是若有所思……这种人极难相处。

狭隘之人猜忌心很重，他们不相信任何人，常常以小心之人度君子之腹。就像培根所说的："猜疑之心犹如蝙蝠，它总是在黑暗中起飞。这种心情是迷陷人的，又是乱人心智的。它能使人陷入迷惘，混淆敌友，从而破坏人的事业。"

不可否认，每个人都有争强好胜的心理，相较于真正强者的好胜心，那些心胸狭隘，没有容人之量的人的好胜心就显得过于可笑了。一个心境开阔的人，他们有明确的目标，好胜心不允许自己处于第二的位置，他们会用积极的态度去面对，用提升自己能力的方法使自己变强，超越自己，超越他人。而那些心胸狭隘之人，他们极度敏感，有着超强的自尊心，而这种自尊心通常是由深度的自卑所引起。如果把他人的言行看成是一阵风，强者就如一棵参天大树，一阵风过去，并不会带来什么影响；弱者即心胸狭隘之人，则如小草一般，一阵风就可以让他们方寸大乱。

心胸狭隘的人，由于过于在意他人的言行，别人的一举一动都会被他们放大化，别人无意识的动作也会被他们认为是故意针对他们，当自己受到所谓的伤害时，他们会想办法让对方受到的伤害更大。可是，即便争赢了，报仇了，他们也不会感到快乐。狭隘就如一种慢性毒药，侵蚀着他们的心，长期处于黑暗之中，最终伤人伤己。

私心，人皆有之，人生活在世上，不如意之事十有八九，但拥有了真诚、善良和宽容，你就会发现，天地之大，广阔无垠。面对与自己意见相左的人，不要第一时间去记恨，而是要先分析对方的心理特点，是故意为之，还是从全局出发，客观地看待问题。如果是前者，也无须生气，试着去理解、宽容，接受要比记恨容易且轻松得多。如果是后者，就要认真接受，总结经验，不断完善自我。

在日常生活中，不需要过于在意他人的评价，更不要因为他人小小的过失而耿耿于怀。善与恶、黑与白，这些都是矛盾且并存发展的。因此，在生活中，我们会遇到喜欢自己的人，同样也会遇到不喜欢自己的人。我们并不能左右他人的思想，唯一能改变的只有自己的心理。不管是无意还是有意的攻击，都要学着理性去处理。

在面对批评的时候，很多人都表现出气愤、失望、自卑的心理，觉得自己不够优秀。其实，这样反而让自己更加郁闷。这时，最应该做的是给予自己正确的评价，保持健康的心态，不要轻易受外界所影响，客观地看待自己，用冷静的头脑去分析问题。

挣脱自卑的枷锁

如果将自信当作“天使”，那么，自卑就是我们心中的“恶魔”。遇到事情，如果恶魔战胜了天使，那么，我们就会失去自我。自卑是非常可怕的，有多少人因为自卑而失去了大好机会，又有多少人因为自卑而走向了犯罪道路，还有多少人因为自卑而郁郁寡欢断送了生命……

俗话说：“金无足赤，人无完人。”每个人在世间都有其存在的必要，如果你总是盯着自己的缺点不放，就会活得很累。没有谁天生就是强者，走出自卑，活出自我，要知道，天生我才必有用。试着发现自己的闪光点，即便暂时没人欣赏，也无须彷徨或是不知所措，否则就会陷入自卑的泥淖。

有些自卑的人不认为自己自卑，他们往往会说，人要谦虚。的确，适当的谦虚会让人学到很多东西。可是过分的谦虚就是自卑了，遇事总是谦卑地说“我不行”，久而久之，就真的什么都不会了。其实这类人也并非真的谦卑，而是内心处于煎熬之中。还有一些人，他们不敢过于表现自己，害怕别人说自己在炫耀，于是便极力去隐藏自己真正的实力。有人说，这种性格叫隐忍，成大事者就要学会隐忍。可是，真正的强者有厚积薄发的能力。反之，就是懦弱，而懦弱就是过于自卑所引起的。

林黛玉，有才、有貌、有情，是个聪明的女人，理应有更好的生活，可她却常常以泪洗面。这都源于她的自卑。她是贾母的外孙女，有着尊贵的身份，可是因父母早亡，寄住于贾府，不免有寄人篱下的感觉，自卑心理便经常出来作怪。面对贾府形形色色的人，她觉得别人对她好只是出于可怜，于是言语中也多了刻薄之词，这其实也是一种变相的自我保护。她不愿坦露心声，自卑让她变得多愁善感，进而早早离开了人世，不得不令人惋惜。

自卑会让一个人觉得生活无望，做什么事都提不起精神，最后给生活以及工作带来严重的后果。其实，每个人都有不为人知的缺点，也都或多或少存在一定的自卑心理，主要是看你以何种心态对待。心态积极的人会压制住自卑心理，面向阳光，而心态消极的人会无限放大自卑心理，使自己处于黑暗之中。

自卑的人心理过于敏感，别人小小的举动，他们就会联想到很多。比如，有两个人正在低声说话，其中一人用眼神瞟了某人一眼，如果这个人心态乐观，就会一笑了之。可如果刚好是个自卑的人，就会想：“他们是不是在议论我，难道我有什么地方欠妥？”于是，心里总纠结着别人在说什么，可又不敢去问，被这种情绪折磨得什么事也做不好，一系列不良的连锁反应，让他们心力交瘁。要明白，你并非为了别人而活。即便别人在说你，也要学着冷静，无论是好话还是坏话，都不要深陷其中，正确认识自己才是最重要的。

自卑的人总是活在自己的世界里，所以要试着走出来，参加一些朋友聚会，结交一些真心朋友。在心情烦闷时，可以找朋友诉说，而不至于钻牛角尖。

当你在某方面觉得自卑时，就去发掘自己所长，然后不断充实自己，以长补短，重拾自信。

此外，适当的运动也可以调节心情，比如跑步、攀岩等，运动可以让人发泄心中的不快，变得阳光。

每个人都有其存在的意义，不要因为某一方面的缺憾就封闭自己的心。上帝关上了一扇门，必定会留一扇窗给你。不要因为家庭贫困、学历不高、长相不好而自卑，出身、长相是我们无法选择的，但我们可以通过很多方式去改变今后的命运。现实中有很多身体上有缺陷，却乐观生活且生活得很好的人，比如说张海迪。

亚伯拉罕·林肯同样出身于贫困家庭，其貌不扬，受教育程度也不高，可是，却成为美国最伟大的总统之一。面对政敌因他的容貌而大作文章时，他并没有因此而感到自卑，而是不卑不亢，幽默回应道：

“如果我有第二张脸，我还需要用现在这张吗？”这是一位智者，正是因为其积极的心态，成就了他事业上的成功。

无论是在生活还是工作中，都要始终坚信，自己也能做好，先从小事做起，慢慢培养自己的自信心，久而久之，就会走出自卑。

借口会让你的心懦弱

为了逃脱责任，有许多人成了说谎高手，他们不断地为自己的失败寻找借口。有些人一旦没有完成预期的事情，就会为自己寻找各种借口，更有甚者，在事情没有开始前，就已经为自己找好了完不成的借口。有些人找的借口的确很完美，听起来也合情合理，可再完美、合理，你还是个失败者。

当一个人习惯于找借口时，做任何事都会失去效率，因为他们总认为，完不成是应该的，他们有各种理由证明，这件事的确很难。我们在生活或工作中，常常会听到这样的话：“这不能怪我，时间太紧迫了。”“你怎么不早说，害我……”借口会让一个人的心变得懦弱。凡事总找借口的人很大一部分原因在于，他们害怕承担责任。久而久之，就会变得懒散、不思进取，在遇到困境时，就会习惯性地退缩。

我们每天都要面对不同的事情，不可能将每件事都做得尽善尽美，有错误在所难免，正确的态度应该是去解释、改变，而不是编造一大堆理由来逃避责任或是惩罚。

没有谁会喜欢被惩罚，可是，在利益面前，很多人都会本能地选择对自己有利的一面，为维持所谓的完美形象，而逃避责任。这样的人大都存在侥幸心理，以为这样可以得到别人的好感，实则却让自己越来越不敢面对。

团队每周的例会时间到了，按照规定，每个成员在今天都要交出一周的劳动成果，以便汇总，安排接下来的工作。成员一个个地汇报完，到了负责市场调查的小文，却一无所获。他给自己找的借口是外婆病重，为了照顾外婆没时间出去。此时，坐在一旁的小李冷哼一声，心想：昨天还说你外婆身体不知道有多好呢。接下来，又轮到另一位员工，那位员工站起来，支支吾吾地说："经理，那个……前天我电脑崩盘了，系统重装……不过我已经连夜加班了，下午就能完成……"坐在他对面的小王嘴角一挑，心想：我就坐在你旁边，怎么不知道你的电脑崩盘了？

经理说："跟你们说过多少次了，电脑要定期检修，养成备份的习惯，你看这多耽误工作。好了，下午一定要交给我。"这位员工急忙点头，不敢再说话。

在现实生活中，确实会出现很多不可预见的事，受各种因素干扰，我们无法按时或很好地完成任务，但这并不能成为我们逃避责任的借口。借口只是懦弱的人所找的托词，其背后则隐藏着不为人知的心理诱因。在很多时候，借口确实很好用，什么事不想做，就找个借口，自己解脱，又不会得罪人。但是，借口再好也隐瞒不了欺骗的行为，总喜欢找借口的人是无法得到他人喜欢的。当借口形成习惯，你就会失去诚信。越来越多的事实证明，成功者找方法，而只有失败者才去找借口，不求改进与自省，使自己进入恶性循环之中，渐渐地迷失自我。

很多事情做起来都不是那么容易的，不要总说自己无能为力或是没办法，这些都是借口，只是你过于懦弱，不想承担责任罢了。

从现在开始，拒绝借口，不要总想着多一事不如少一事，这种消极的心态会让你离成功越来越远，也会让你的心变得越来越懦弱。遇到困难，努力想办法，即便做错了，也要勇于承担，这样才能避免犯同样的错误。

不要让你的心随意漂流

现实生活中有太多人云亦云之人，他们的心就如水里漂流的小船，随波逐流，没有方向。他们没有独立思考的能力，别人说什么都应声附和，有着非常强烈的依赖心理和从众心理。他们虽然已是成人，但心理年龄却停滞不前，总是被人牵着鼻子走，看到别人做什么就跟着做什么，这种没有主见、失去自我的生活，并没有让他们获得多少快乐，相反，却给自己带来了诸多烦恼。

我们都知道，受各种因素影响，每个人的性格和生活方式都有所不同，所谓“一样的米，养百样的人”，别人走过的路，不一定就适合你走。做人要有自己的原则，不要轻易受他人影响而动摇自己的决心。

没有主见的人，会对他人产生过分的依赖心理，碰到事情总是犹豫不决，大到人生奋斗的方向，小到买件衣服，都很难做出决定。他们总是习惯性地问身边的人：“这样好吗？”“我可以这样做吗？”

以期待他人给自己作决定。那么，是什么抹杀了他们独立自主的能力呢？

从心理学的角度分析，有以下两个方面的原因：

第一，家庭教育。每个人的性格都是从小养成的，家庭环境对一个人的性格影响很大。父母过分溺爱孩子，就会使其过早失去独立思考的能力。尤其是现在的家长，什么事都替孩子包办，都上小学了还不会自己穿衣服。有这么一则故事：幼儿园里，老师给每个孩子发了一只鸡蛋，其他小朋友都伸手自己剥皮，一个小朋友却盯着鸡蛋左看右看，不知道该怎么做。老师问他怎么不吃。小朋友怯懦地说："这和我们家的鸡蛋长得不一样，我们家的鸡蛋软软的，能直接吃。"现如今很多家庭都是如此，尤其是隔代带孩子的，只要是关于孩子的，事无巨细都有人包办。这种环境下培养出来的人，大都很少考虑问题，遇事总想着依靠别人，缺乏独立自主的能力。

第二，过于自卑。生活中，有一些人经常甘愿做别人的陪衬，就是因为他们多或少都存在一定的自卑心理，总感觉自己技不如人或是能力不够强，不懂得说话技巧，于是，就慢慢退到后面，随意受人支配，甚至认为不用自己动脑是一件很好的事。

小岳高中毕业，在这个本科生一抓一大把的时代，他觉得很自卑，尤其怕别人问他是哪个学校毕业的，这让他难以启齿。进入职场，他不敢让自己过分出头，只是一个人默默地坐在办公桌前做着领导交给的任务；随团队一起出去办业务，他也从不发表意见；和同事出差，从买票到吃饭、住酒店都是由同事决定，同事问他意见，他也总是说"随便，都可以"。慢慢地，也就没人再问他的意见了。他自己却觉得出差时有个人依靠是件值得高兴的事。

一次，领导安排他一个人出差，这让他很茫然，他希望可以说服领导让一位同事与他一起去，但领导说其他同事都有自己的事做。没办法，他只能自己开始查找资料，整理信息，在出发之前他一直都处于忐忑不安中。可是，当事情一步一步接近尾声时，他发现，其实整个过程竟然如此顺利，并没有他想象的那么难。

在生活或工作中，不要总是习惯性地去给自己找靠山，而要把自己当成自己的靠山。正所谓，求人不如求己。当你学着凡事靠自己的时候，你就会成为一个坚强、独立的人，遇事才会处变不惊，即便面临突如其来的变故，你也同样可以应对自如。纵观那些成功者，他们大都喜欢独立思考问题，寻求思想的解放，强烈的好奇心驱使他们不断探索，直至成功。

我们常说，一个人的潜力是无穷的，试着挖掘自己的优点，并将其展现出来，你就会慢慢变得自信。这就要求你思考问题时从大局出发，制定切实可行的目标，敢于想，敢于做，以此来确定并实施奋斗目标。如果你觉得你融入不了你目前所从事的职业，那么就要做好各种心理准备，如跳槽、创业。当你的计划足够成熟、周密时，就可以大胆地去行动。

通常情况下，当一个人做自己想做且值得做的事情时，内心是充满快乐的，会体验到很大的满足感与成就感。在平时的生活和工作中，尽量让自己保持心态平静，学会付出，即使陷入一时的困惑，平静的心态也会将这种不良情绪降到最低。

行动起来才有价值

秦先生坐在办公桌前又是一阵叹息：唉，眼看就35岁了，工作了10年还是没一点变化，每天做的还是和10年前差不多的工作。如果当初和××一起跳槽就好了，也不会像现在这样，上不上下不下的……说出去都丢人。

秦先生在10年前进入公司，在同行业中，公司的发展还是比较不错的。因为缺乏工作经验，秦先生一开始只是处理一些简单的文件。第二年，同他一起进入公司的人大都跳了槽。此时，秦先生想：这里工作轻松，待遇也不错，还是安心待着吧。在工作上秦先生一直有着自己的想法，可是，他总认为自己一来不是科班出身，二来又是新人，而且，他觉得自己的想法肯定得不到领导的重视，于是不敢与领导进行交流，更不敢付诸实践。就这样，秦先生的工作激情慢慢地被磨掉了，后来他也想过跳槽，从事自己的专业，但考虑到工作难找，他又打消了这个念头。

再后来，有个非常好的机会，他认为也是时候离开了，但一些亲朋劝他三思而后行，结果他又没有走。他想着，反正这么多年了，专业早就荒废了，辞了职都不知道该做什么，这里好歹收入稳定。于是，秦先生总是在不断地选择、否定、再选择、再否定，想辞职又不敢辞职，因为他的这种心态，渐渐地使他失去了领导的信任。一些与他能力相当，甚至能力不如他的人都得到了领导提拔，而他却还在原地做着不切实际的梦。

左顾右盼，只会让人无所适从。就如故事中的秦先生，既然选择了就踏实地工作，如果觉得其他机会更好，就果断辞职，否则就会顾此失彼，甚至一无所有。

有些人活得过于谨慎，总想着等万事俱备了再行动，要知道机会是不等人的。患得患失，犹犹豫豫，这样的心理会让自己的行为受到极大的牵制，在面对抉择的时候总是反复衡量，就会走入困境，徒增烦恼。

古人有云：临渊羡鱼，不如退而结网。可是，现实生活中，仍有很多人只顾着羡慕别人，而不去做实际的事情来改变现状。时间犹如白驹过隙，一晃而逝，机会不是坐等而来的，不行动就会错失良机。梦想没有行动做支撑，那只是空想罢了，立即行动，你才能收获成功。

生活中总有那么一些人，看到别人取得了成功，他们也想把事情做好，可是做起事情来总是千头万绪，忙也是真的忙，却没忙出价值来。很多人之所以失败，不是他们能力不够，恰恰相反，他们往往有着不凡的洞察力，那么为何会平庸度日呢？最主要的原因在于，他们的思想跑得太快，而行动又过于缓慢，甚至是没有行动。思想与行动的不一致，让他们错失了很多机会。在奋斗的道路上，如果缺乏了积极、果敢的人生态度，那么，就会将“有可能”变成“没可能”。

一个人的想象力是无穷的，当你觉得想法可行时，就要果断出击，将“有可能”转化为成功的必然。在生活中，我们常常会听到这样的话：“唉，不提了，早知道我就……”“这个问题我也想过，但没提出来，我要先提出来，现在肯定……”这些人因犹豫不决、摇摆不定，而在事后处于悔恨之中，须知，行动不一定就会有好结果，但不行动连个结果都没有。

如今人们的生存压力越来越大，生活、工作兼顾，让越来越多的人分身乏术。现实的残酷让他们不敢轻易行动，做事情总是瞻前顾后，持续观望的结果就是一无所获。

大多数人的敢想却不敢做，就是源于内心深处的不自信，通常他们对自身的评价都较低，对失败所产生的后果不确定，让他们内心充满不安。从小到大，每个人心中都有理想，而且理想也并非一成不变，随着阅历的增加，我们的理想也会随之改变。可是，当理想产生时，又有多少人马上将其变成行动？理想总是那么美好，也充满诱惑，可那毕竟是幻想出来的，缺少了行动，那便是空想，将变得毫无意义。总是沉迷在空想里，你只能是一个平庸的人。

比尔·盖茨说：“成功开始于想法，但是，只有这样的想法，却没有付出行动，是不可能成功的。”马上行动，让你的想象变成现实，否则它就如肥皂泡般，一戳就破。当你感到迷茫或是进退两难时，不妨静下心来，摆正自己的位置，不要逃避，用健康的冒险精神为自己增加力量。当机立断，即便结果无法达到预期，也要勇于承担。

当你下定了决心，就要勇往直前，经得住诱惑。不要事后将“如果”“早知道”放在嘴边，那只会让自己变得更加可悲、可笑。

第三章

学会与负面情绪相处

失败感

人的一生会经历很多事，失败也是在所难免的，不同的人面对失败会有不同的态度。有些人从失败走向成功，而有些人则被失败感侵蚀内心，在失败的沼泽里越陷越深。

生活中有很多人，当自身需求得不到满足或是做某件事情没有成功时，他们就会失去成就感，各种消极情绪侵袭而来，如一蹶不振、万念俱灰、自暴自弃，有些甚至会有攻击性行为。他们无法正视失败，总是觉得失败后有很多嘲讽的眼神在盯着自己，失败感让他们在很长一段时间里都处于消极状态。

爱迪生曾说："一千次的失败恰恰让我知道了以往的一千种材料都是不合格的。"面对失败，爱迪生没有困守在失败的牢笼里无法自拔，而是积极寻求方法，于是便有了"发明大王"的称号。失败是每个人都必须经历的，一个人得到的越多，相对的，他所承受的就越多。即便再强大的人，心理也有低迷期，只看你何时走出来。失败是如此平常，每个人的境遇却截然相反，最主要的原因在于，他们应对失败的方式不同。

在生活或工作中遭遇失败是常有的事。有些人，在失败感中丧失了斗志，变得被动且茫然。还有些人，因为失败感过于强烈而产生巨大压力，过分在意而没办法静下心来思考问题。如果放任失败感蔓延，那么，就会造成严重的心理创伤，比如说自尊心受挫。

强烈的失败感会让我们开始对自己的能力有所怀疑，觉得自己总是逊色于他人，当失败的事情恰好是对自己较为重要的事，不加以注意就会引出多种不良情绪，如羞怯、忧郁等。比如上学时，因一次成绩不好，就觉得自己学习不好，认为知识太难学，进而对以后的考试更加担心，信心全无。在很大程度上，失败会影响一个人的自尊心，会对自己的性格及能力做出负面评价，比如觉得自己窝囊，觉得自己什么都做不好等。这些负面的想法只会让自己的感觉越来越糟。

失败后将自己所做的一切全盘否定是不可取的，不仅使自身价值无法得到真正的评价，还会对未来造成不良影响，更加不敢面对未来的失败。相较于失败本身，这种心态更严重，甚至会影响到身心健康。

失败一次，很多人因深受打击而选择放弃，面对未知的未来，他们不敢继续前进，得过且过，开始看轻自己，缺少动力。比如说这次与升迁无缘，想着再怎么努力也是无济于事的，所以工作变得敷衍起来。再比如锻炼时不小心扭到了脚，就觉得自己不是运动的料，于是锻炼计划泡汤。还有的第一次创业失败，就感慨自己不是创业的料，做事开始畏首畏尾起来。失败的感觉让他们失去了获得成功的机会，不愿也不敢去尝试。

失败感的心理暗示是非常强的，会让人陷入悲观及无助等不良的情绪中。其实，或许换个角度想问题，就会简单得多，如这次没有升迁，就想着继续努力，争取下次升迁。不要总是让自己陷入消极的情绪中，放任其不管，从而对心理健康带来极大伤害。当我们有所期待时，不免伴随着失败，这些都是相对的，期待值小，相对地失败感就不会太强烈，心灵创伤也相对较小。

失败并不可怕，虽然有时会让人觉得难以接受，但也只是暂时的。人的一生中，有很多失败都是无关紧要的，当下会有情绪波动也是必然的，但转身就会忘记。就算对自己来说很重要的事失败了，也要学着坦然面对，给予自己一个正确的评估，寻求方法加以改进，永远不要停止努力，直至成功。

失败感，只是在奋斗的过程中，因一时受阻而在自己心里产生的一种脆弱心理。只要愿意更深一步地尝试及努力，那么，之前所谓的失败，就会成为你宝贵的人生经验，助你走向成功。

痛苦感

小曼因为和男朋友分手，一时走不出痛苦的泥淖。一系列的不良情绪都发泄在了工作中。她上班开始走神，工作也是错漏百出。在一次重大失误后，领导终于把她开除了。这使原本就处在难过之中的小曼更加痛苦。此时的小曼觉得生活毫无意义，觉得上天太不公平了，让她失恋又失业。

这天，小曼在不知不觉中来到了河边，坐在石凳上。看着周围甜蜜的恋人，心里更不是滋味，眼泪流了下来。她异常的表情引起了一位前来锻炼的大妈的注意。大妈坐在她旁边，她也浑然不觉，沉浸在自己的痛苦里。大妈温和地问道："小姑娘，怎么了？"

小曼转过头，看到一位面带笑容的大妈。或许是过于压抑了，听到有人关心，小曼哭得更厉害了。大妈忙说："小姑娘，是遇到什么事了，哭得这么伤心？"

小曼边哭边说："人活着太痛苦了，男朋友不要我了，我又被公司开除了，以后我还怎么活呀。"小曼越说，哭得越厉害，仿佛她是天底下最痛苦、最不幸的人。

大妈笑着说："就为这事啊。"

小曼觉得自己找错倾诉对象了，有些生气地说："难道这样还不算惨吗？要再出点事，我非投河了不可。"

大妈递给她一张纸巾，说："小姑娘，你还年轻，路还长，别拿生命开玩笑。死了确实不用再受苦了，一了百了，可你想过那些真正爱你的人吗？你的父母，你想过吗？他们该有多伤心，人生还有很多值得你去珍惜的事。再说了，不失恋，不被开除，你就会真正感到幸福吗？"

小曼擦着眼泪说："至少不会像现在一样痛苦。"

大妈说："那样的话，你永远也体会不到幸福感。每天都有人失恋，每天都有人被公司开除，这只是一件极为普通的事，难不成都像你一样动不动就死啊活的，那警察得多忙啊。还有，即便没有这些事，你还是会遇到其他让你感到痛苦的事，难道遇到一次就死一次？"

听着大妈的话，小曼止住哭声，细细品味着话里的意思。此时，大妈又说："孩子，幸福和痛苦是并存的，要相信，痛苦过后终会幸福。"

人生就如品尝咖啡，第一口品下去，异常苦涩，但细细品味会发现，不仅是舌尖，整个味蕾都充斥着香甜。痛苦会伴随着一系列的不良情绪出现，如暴躁、不安等，我们对其敬而远之，抑或是不停压制，用尽办法去摆脱痛苦，结果如何？痛苦依然存在，甚至痛苦感更强烈。既然摆脱不了，那就要尝试接受它、品味它。生活偶尔会跟我们开个小玩笑，制造一些小麻烦。如果你用积极的心态去面对，就会把这些小麻烦当作调皮的孩子，一笑了之。走出痛苦的牢笼，便会体会到极致的快乐。

现在越来越多的人追求快乐的感觉，可是，他们却越来越不快乐。很简单，没有痛苦为参照，那些简单的快乐已无法满足他们。可是，话又说回来，有谁会喜欢痛苦呢？

生活中有太多的例子来告诉我们，人生来不是享乐的，人生在世，谁能没有痛苦。痛苦产生，或承受或拒绝，但你无可逃避。既然是这样，那就要学着面对痛苦。

人生不如意事十之八九，失恋、朋友背叛、亲人离世、工作不顺心……这些事情或多或少都会让人陷入痛苦之中。面对痛苦通常有两种态度，一种人在痛苦中感到更加迷茫，甚至绝望，身心处于崩溃的边缘。他们会对痛苦产生恐惧，害怕承受，于是躲在小小的角落里黯然神伤。另一种人则从痛苦中明白了一些道理，将痛苦作为人生的财富。如失恋了，虽然痛苦，但要明白，总会有那么一个人等着你。被朋友算计，痛苦是难免的，同时也要学会感谢他，他教会了你坚强，让你在以后的道路中明白什么样的人该交，什么样的人需远离。这种人会正视痛苦并学着接受甚至品尝痛苦的滋味。

人们的物质生活在飞速发展，可是同时精神世界却越来越变得贫瘠，人们的灵魂前所未有地空虚。在这种状态之下，越来越多的人感到烦躁、痛苦。亲情淡漠，友情疏离，爱情破碎……一切的一切，都让人不敢去面对。人人都想快乐地生活，期待着痛苦的事情可以快些过去，但是大多数人只能带着这样的企盼蹉跎一生。因为他们不知道，痛苦不是说说就会自动过去的。

相邻的两块地，一块杂草丛生，已分不清哪是庄稼，哪是杂草。另一块地则干干净净，庄稼长势非常好。这样两块地，不用想也知道哪块地收的粮食多。只有经历了辛勤的劳作后才会有丰收的喜悦，你因贪图一时享乐而没去锄草，那就没资格享受丰收带来的快乐。

人生不经历磨难，怎能体会到快乐？在经历了痛苦之后，你才能擦亮眼睛，透过它看到生活的本质——简单即快乐。人生中的很多事情都是相对的，黑暗伴随着黎明，阴雨伴随着阳光，此时，我们也可以说，痛苦感伴随着幸福感。没有付出就不会有收获，而付出的过程通常是痛苦的。越是容易得到，受的苦越小，幸福感就越小。反之亦然。

当你遇到了让你痛苦的事，想哭就哭吧，找个安静的地方，可以肆无忌惮地哭，将心里的痛苦完全发泄出来。但是，哭并非无意义的哭，哭过之后，擦干眼泪，使自己平静下来。此时筋疲力尽的你，再静静感知这个世界上最令人恐惧的事，与你的痛苦相比，哪个更甚？在这样的状态下慢慢找回自我，找到生活的理由，重拾快乐。人生在世，痛苦只是其中的一小部分，当你想清楚了一切，就会淡忘这些痛苦，开始新的生活。

挫折感

婧然是个娱乐小记者，每天起早贪黑跑新闻，还要与那些名人打游击。他们有个不好的名称，叫“狗仔队”。婧然并没有因此感到羞怯，她喜欢记者这个行业，而且，她的目标并不仅仅局限于一个小记者，她有自己的目标。婧然为了自己的目标不断努力着。

婧然平时爱看书，以前就喜欢写些随笔，这时也派上了用场。经她的手写出的报道，不但精彩、抓人眼球，又不失真实感，因此她很受上司的器重。可是，做哪一行都有其不可诉说的苦处，婧然遇到的挫折也不止一星半点。一次，她被安排去采访一位名人，名人脾气古怪，一开始闭门不见。在婧然的不断努力下，名人同意见她。可是问题又出现了，不管婧然问什么问题，名人都保持着一副表情：无可奉告。工作没法进行，婧然也想过放弃，再想到以前别人对她的冷嘲热讽，还有将她的劳动成果当垃圾一样扔在角落，她更是觉得委屈。

站在十字路口，婧然有些茫然。她让自己慢慢冷静下来，她想，不能因为这小小的挫折就放弃人生的奋斗目标。于是，婧然开始对这位名人展开全面的了解，试图走进他的内心，信息虽然很少，但凭着自己敏锐的观察力，婧然还是找到了切入点。

再一次采访中，婧然更加自信了，连问了几个问题，那位名人都一一回答了。直到采访结束，名人邀她喝茶时说："你是第一个肯站在我的角度问问题的记者，以前的记者问的都是一些没意义的问题，我都懒得回答；而且他们总是试图窥探别人的隐私，很烦。你却不一样，以后我的新闻都由你来写，我会跟你们老总说的。"

两人聊得很开心，婧然也因成功采访到这位名人而在业界有了很高的知名度。但她并没有因此放松自己，还是一如既往地认真对待工作。

如果婧然在第一次挫折面前就选择了放弃，那么，便不会有后来的成功。挫折只是人生常态，过于在意或是害怕，只会让自己停滞不前，甚至后退。如果你的生活总是平平顺顺，没有一点波澜，相信你也不会感到快乐。正是因为挫折的存在，才让我们的生活精彩纷呈，在风口浪尖下学会成长，你的性格也会变得更加坚强。

我们在享受成功的同时，也要学着正视挫折。面对挫折，你的心灵深处是否感到绝望？你是否能坚定走过挫折的信心？塞翁失马，焉知非福。一时的失意，并不代表永远的失败。从某种程度上来讲，挫折会磨炼一个人的意志，走过挫折，你会变得更加强大。

当一个人做某件事情时受到了阻碍，其心理就会产生挫折感，进而引发一系列的情绪反应，如烦躁、紧张、忐忑等。水能载舟，亦能覆舟。挫折感就是如此，对于强者来讲，挫折会让他们快速成长；对于弱者来讲，挫折会将他们折磨得心力交瘁。挫折会让人在不经意间迷失方向，就像个无头苍蝇般，横冲直撞，直到头破血流也找不到方向。人生总要经历一些风雨，活着才有意义。不要让小小的挫折感侵蚀你的内心，做一个不屈不挠的强者，坦然面对挫折，你会发现，挫折并没有那么可怕。

任何人的情绪都会受到影响，即便圣人也是如此。所以，不必过分压抑自己的情绪。当你与挫折相遇，不要总觉得自己不幸，寻找适合自己的方式发泄一下，可以哭，也可以找朋友倾诉。压抑得久了，就会让负能量侵占你的内心，使心灵受伤，进而使你处于黑暗之中，享受不到温暖的阳光。

留给自己缓冲的时间不要太长，一两天或几个小时足矣，之后便还是乐观的你。用积极的心态去分析问题，分析事情为何会遇阻，找到原因所在，看用什么样的方法可以改变，然后制订接下来的计划。为计划而努力，不停探索，不断总结，不再犯同样的错误。

人生充满挑战，如果一遇到挫折就躲起来或是哭哭啼啼，那是永远也走不出挫折带来的阴影的。哭闹或许会得到一些安慰的话，但更多的时候还是需要自己走出来。智慧的人不会成为挫折的牺牲品，更不会用虚伪的眼泪博取同情，即便是哭，他们也会一个人静静地发泄。

做一个智慧的人，用阳光心态去面对挫折，即便千斤压顶，也能面不改色。这样，即便遇到再大的挫折，你也能走出来，打开被锁的心灵，便可迎来一片阳光。

恐惧感

欣然在一家企业任职秘书，这已经是她的第五份秘书工作了，对于这样的结果，她也很头疼。欣然从小性格内向，在家人眼中就是一个乖乖女，什么事都听家里的安排。走向社会以后，欣然很难适应，好不容易找到一份秘书的工作。她也想好好做，赢得老板的信任。

第一份秘书工作，一开始上司给她的都是简单的资料整理工作，这对于欣然来讲很好处理，可是随着工作难度的增加，她开始觉得吃力。一次出错，上司只是说了她几句，但足以让她难过好几天。此后，由于工作频频出错，终于惹怒了上司。上司劈头盖脸骂了过来。欣然没受过这样的委屈，一赌气辞职不干了。

第二份秘书工作，因为有经验，欣然一开始做得得心应手，很受上司赞赏。可是，她却因为上一份工作留下了阴影，工作中总是害怕出错。于是，上司交代的每一份工作，她都会抱着“千万别出错”的心态。认真是对的，但欣然已经到了变态的地步，总是担心工作做不好遭到上司责骂，做起事情来也是束手束脚。交上来的材料，上司审阅时一皱眉，她就心里打鼓，想着是不是自己哪里没做好。这样担惊受怕的日子，让她不仅对工作失去了兴趣，还让她对上司有了恐惧感，一见到上司就紧张。她开始观察上司的一举一动，上司一起身，她马上低头“认真”工作，桌子上总有展开正待处理的文件。可只有她自己知道，她的心思并不在工作上。当上司要某份文件，而她又没处理好时，就会变得很恐慌，更别谈工作效率了。由于长期懈怠工作，她被开除了。

接着是第三份、第四份秘书工作，也出现了同样的结果。她把丢工作的原因都归结于，上司太让人害怕了，面对这样的上司没办法好好工作。

其实，上司并不可怕，可怕的是一个人走不出内心的牢笼。欣然因性格内向，加之第一份工作对她的心理造成了一定的影响，所以在之后的职业生涯里，她总是处于恐惧之中，害怕工作做不好，害怕被上司训斥。长期走不出这样的心理，久而久之，恐惧感就会越来越深，对身心造成极大影响。

欣然也想好好工作，可她又害怕承受做不好所带来的后果，所以每天处在恐慌中。就比如说，做销售的人，如果因为一个客户的拒绝就对所有客户产生恐惧心理，那工作还怎么进行？

现实生活中，有太多的人因为恐惧而束缚自己的手脚，因为担心别人发现自己的不足而不敢前行，害怕努力过后依然一无所获，更害怕一时的错误受到批评……在面对一件事时，他们总是担心这个，害怕那个，继而能拖就拖，借此来缓解心中的恐惧。孰料，这样不但不能缓解恐惧，反而使恐惧感加剧。

恐惧感的产生，除了事物本身对其存在威胁之外，还有的恐惧感则源于以往的相关记忆。遇到了可怕的情景，明明很平常的一件事，有些人却莫名感到恐惧。这种恐惧感的产生其实与事物本身无太大关联，就像有些人遇到毫无伤害力的小猫会感到恐惧，实则是因为小猫唤起了其内心深处不好的记忆，使其产生了恐惧感。

换句话说，其实恐惧感就是自己给自己的内心上了一把锁，一有风吹草动就如惊弓之鸟，恐慌不安。通常来讲，恐惧感的产生与其过去的心理感受有着很大的关系，正所谓，一朝被蛇咬，十年怕井绳。在过去因某件事受到刺激或是有心理阴影，当再次遇到相似的经历就会唤起内心的恐惧感。这也与一个人的性格有关，一般性格内向，不善与人交往的人更易产生恐惧感。如果不及时调整，身心会受到更大的伤害。

做事情容易有恐惧感的人，常会因紧张而失去很多机会。当人处在恐惧之中，说话就会语无伦次，在这样的状态下去做事，肯定无法将事情做好。事情一出错，恐惧感就会加深，在这样的恶性循环之下，心理就会受到极大伤害。

对什么事物有恐惧感，就要直接去接触，积极面对，慢慢地就会走出恐惧。比如说你害怕与人交往，那么就应该走进人群，慢慢接触人群，学着抬起头在人前讲话。久而久之，遇到相同的情形，就不会再害怕了。比如，如果你恐高，那么就偏要站在高处，感受居高临下的那种感觉，再一点点增加高度，慢慢地就会克服恐高。

随着阅历的增长，你会明白很多事，当事情无法改变时，你就试着改变自己的内心，肯定自我，当你变得自信，就会走出恐惧的牢笼，就会明白：事情并非想象中的那么糟。

做任何事情总是小心翼翼，草木皆兵，那么就更容易出错，胆小怕事会让你恐惧感倍增，在这个优胜劣汰的世界里，没有人会因为你的恐惧而同情你，一味地宽容你。因此，唯有改变自己的心态，才能在人生的成功者中占据一席之地。

失望感

你或许工作最用心，但升职总轮不到你；在同学中你或许条件最好，但发展却不尽人意……

无论是生活还是工作中，都有太多的事情让我们感到失望。人们常说：希望越大，失望也就越大。过于依赖期望，就会陷入深深的失望感中。

从心理学的角度分析，当人有所损失时，就会产生失望感。失望感常常伴随着一系列的生理及心理感受，如悲观、生气、后悔等。

失望的情绪会时常跳出来，最常见的，当我们对某个人示好，但对方没有给予响应或是自己所期待的回应时，我们就会感到失望。抑或我们觉得事情做得相当不错，却没有得到对方的认同，此时也会感到失望。这些失望都是源于期待。当期待成真，我们就会开心；当期待落空，就会失望，甚至是产生怨恨。

同在一个病房的两个女孩，花一样的年纪，却都不幸患上了癌症，同病相怜的两人成了好朋友。两人都有一个谈婚论嫁的男朋友，她们对自己的爱情都无比坚定，觉得自己的男朋友是天底下最好的人，一定会对自己不离不弃。刚住院的一段时间，两人的男朋友几乎天天守在医院里。大半年的时间过去了，因为接受化疗，两个女孩的头发没有了，脸也变得憔悴了，药物的副作用使两人的身体变得臃肿不堪。渐渐地，两人的男朋友来的次数少了，再后来，似乎是商量好的，都没再出现过。

其中一个女孩对于男朋友的态度虽然理解，但心里却感到非常失望。心中的唯一信念被打破了，她整天对着天花板发呆，生病后本来就很少笑，只有在见到男朋友时才会开心。此时，她的笑容更少了。她开始怨恨自己的男朋友，觉得男朋友没良心，曾经的海誓山盟成了笑谈……

治疗也不那么积极了，失望感越来越重，她觉得活着没有任何意义。于是，她把医生开的药偷偷藏了起来，每次医生问，她都说她吃过药了。慢慢地，她的病情越来越重，越来越重，直至……

另一个女孩对于男朋友的态度也会觉得失望，但生活照样过，病照常医治，似乎对于男朋友的离开并不放在心上。她不恨，反而感谢男友大半年的陪伴，毕竟没有结婚，觉得男友做得已经很好了。这样想着，心中的失望感就慢慢地减弱了。她积极配合治疗，每天与亲友有说有笑。很快，她等到了特效药，病情得到了很大的控制，虽然需要长期与药为伴，但对于这样的结果，她已经充满了感激。

相同的背景，不同的结局，就是因为无法正确对待失望。

失望可分为两种，即短期失望和长期失望。通常情况下，短期失望的影响程度较大，但消失得快。如错过了班机、丢失了某样东西等。长期失望通常是失去了无法弥补的东西，对人的初期影响较大，随之会减弱，但会影响人的一生。

不同的人面对失望会有不同的处理方式，有些人能快速摆脱失望感，而有些人则陷入失望中，看不到生活的美好。失望会大大降低一个人对事物的预期，进而让人失去理智，做出一些让自己后悔的事。

很多人急于得到别人的认可，为了讨好对方，总是把所有事情揽上身，从而使自己变得很疲惫，可是，这样的做法却让别人觉得很可笑。每个人都有自己力所不能及的时候，不要让自己成为没有原则的老好人。

如果你过分依赖他人，别人的自私自利就会让你失望；当你对别人不再抱以过多的期待，那么，失望感就会变小。不要让你的人生承载太多的期待，浮华背后，我心淡然。不以物喜，不以己悲，沉淀内心，便不会被失望感所累。

凡事总是求回报，是不会快乐的。用心去对待身边的人和事，尽力而为，要相信，有付出就有回报。即便回报不是最初自己所想，也要心怀感恩。

长期陷入失望感当中，会让人变得越来越悲观。梦想是美好的，但总会跟现实有所差别。当梦想偏离现实时，不要觉得失望，生活就是如此，有失望，才会更懂得珍惜。不要羡慕别人，也不要怨恨任何人，没有人会一直为你的人生买单，也没有人有义务无条件取悦你。小树苗在经历了风雨炎寒后才能更加茁壮地成长，就如人生一样，只有经历了失望、无奈、挫败……我们才能真正地成长。

绝望感

陶女士本有个幸福的家，可是一场车祸夺去了丈夫和儿子的生命。所有的亲朋都替陶女士感到难过，都担心她会受不了打击也倒下去。陶女士确实伤心了很长一段时间，那段时间，她甚至不敢听小孩子讲话，一有小孩子讲话她就惊慌失措，就会想到自己失去的儿子。她不敢与人接触，整天待在房间里，看着全家福上一家人开心的笑容，她更是眼泪直流。她看不到希望，慢慢地，陶女士开始失眠，产生幻觉。无法走出阴霾。有一次她吞下了大量安眠药，幸好家人发现得早，及时抢救了过来。家人意识到了问题的严重性，于是，劝其去看心理医生。看着家人殷切的目光，陶女士也知道自己有问题，于是同意了。一开始她并没有打开心扉，只是被动地听着心理医生的话。再后来，看着父母为自己默默流泪，再看看为自己担心的朋友们，陶女士突然觉得自己好自私。她也听进去了心理医生的话：永远不要对生活绝望，当你能从简单的事情中体验到快乐，你就会发现，生活如此美好。

于是，陶女士找了一份工作，工作之余她会去儿童福利院做义工。一开始，她还有些害怕，担心自己过于想念儿子而做出失去理智的行为。其实，她的担心是多余的，看着孩子们纯真的笑容，期盼的眼神，陶女士打心眼里喜欢。她开始慢慢接触这些孩子，脸上的笑容多了，这些孩子也非常喜欢她。她突然发现，以前的自己有多傻。她说："虽然失去了丈夫、儿子，但生活还是要继续，绝望只是一时的，咬咬牙就过去了。他们会一直活在我心里，但并不影响我追求美好的生活。"

对生活感到绝望，那是懦弱的人才会有的想法。有些人常常羡慕那些什么事都不在乎的人，觉得他们的人生何其顺利。其实，他们只看到了表面，"不在乎"的背后是他们拥有一颗"看得开"的心。在漫漫人生中，他们也会感到痛苦，也会感到绝望，但他们更懂得忘记，从绝望中寻求希望。他们信奉：山重水复疑无路，柳暗花明又一村。凡事多走几步，说不定就能迎来春暖花开。他们不会否认自己的后悔、抱怨与绝望，但他们不会让这些不良情绪过多地存在心里，面对纷争不断的人生，这种平和的心态会带他们走出绝望的牢笼，享受生活的美好。

每个人在生活中都会扮演很多角色，各个角色都会给我们制造很多麻烦。如果总是让自己陷入深深的无力感，久而久之就会产生绝望感，让我们对任何人或事都提不起精神，对生活失去信心，总觉得自己像是被遗弃了一般，孤立无援。这种心理长存于心，很容易因某件事想不通而轻生。

现实生活中，我们常常会看到这样的报道：×× 自杀了，疑似 ×× 原因。生活越来越好，但人们的心灵却越来越脆弱，一点点打击就要死要活，对人生充满绝望，好似只有他一个人在受苦。每个人都会有迷茫期，对生活感到不安、无望，但这不能成为我们轻视生命的理由。更不能任由这种不好的情绪蔓延。当你的心蒙上了厚厚的一层灰，那么，看问题就会变得不理智，会使问题脱离本质。

几米在《希望井》中说：掉落深井，我大声呼喊，等待求援……天黑了，黯然低头，才发现水面满是闪烁的星光。我总在最深的绝望里，遇见最美丽的惊喜。每个人都会有最糟糕的时刻，此时抬头望天，会发现，你的生命依然有光亮。当你对生活绝望时，忍一忍，就算熬不住也要忍一忍，一天过去了，一年过去了……你会发现，在这个过程中，你得到的远比想象的要多得多。当然，并非熬过了这次的苦，此后就一帆风顺，不幸与幸运是轮流着来的，没有终点，一味地伤心难过只会让自己更加绝望。常听有人说："这苦日子什么时候是个头啊？"其实，没有人能回答这个问题。很多事实都向我们说明一个问题：你越是逃避，苦难就越容易找上你。反而是那些"没心没肺"的人活得更潇洒，更幸运。

生活给我们出了很多难题，常常让我们陷入不顺的境地，此时，我们会发现，我们最珍贵的东西正在流逝。看不到未来，我们意识到自己该做点什么，但我们又无力改变现状，这就是绝望，它可以是生活，也可以是关于生命或是生存。面对这样的情况，你是任由自己绝望下去，还是绝处逢生？

绝望之下，对于现状，人们通常无法正确地进行分析，也就是说，此时所做出的决定大都是不理智的，进而会导致错误的行为，引发一系列想象不到的后果。比如说，一个到了适婚年龄的小伙子，不停地相亲，可是，对方不是嫌他没房没车，就是觉得他工作不好，总之，一系列的打击让小伙子对相亲失去了信心，甚至对婚姻绝望了。于是，在最后一次相亲两人都觉得差不多的时候，认识仅一个月就草草结婚了。因为相互不了解，婚后争吵不断，甚至大打出手，小伙子对生活更加绝望了。

绝望会让一个人更容易受到伤害，有了绝望的念头，便会被其所利用，失去更重要的东西。因此，不要让自己陷入无尽的绝望中。

绝望具有两面性，如果总是在孤独、烦躁、怀才不遇中唉声叹气，将时间白白浪费掉，那么，你就会渐渐失去自我。当你懂得如何正确审视绝望，思考绝望的真正原因，就会重新找回自己，用坦然、积极的心态去面对。回过头来，再去看原本让你绝望的事，你会发现，其实它们根本不值得让自己如此绝望。

失落感

当原本属于自己的东西被剥夺时，人的情感上就会觉得很失落。失落感过于强烈就会产生心理疾病，容易引导人走向崩溃。其实，很多时候，人的失落感是从斤斤计较中产生的。如果不那么自以为是，事情就会变得简单得多，否则，失落感不仅会影响你的精神状态，还会破坏你的身心健康。

林女士结婚后总被一种深深的失落感所折磨着，原来，在结婚前，爱人对她百般呵护，每天嘘寒问暖。可是婚后爱人忙于工作，有时回到家倒头就睡，林女士想好好和他说句话都难。久而久之，林女士变得越来越郁闷。她的不开心并未引起爱人的注意，有时候她穿了一件新衣服，爱人也没一点表示，这些都让她很失落。她开始怀念以前的生活，以前的爱人。可是，越回忆，这种失落感就越重。

生活中，常常会有一些人，他们总是由于一些小事而闷闷不乐，被深深的失落感所困扰，尤其是独处时，这种感觉更强烈。比如说，与久别重逢的朋友相处两天就要分离；给爱人打电话要么不接，要么说两句就挂断；你真心相待的朋友却不把你放在心上……而且，身处职场，所体会的失落感更多。比如说，因没有被评上业务骨干而失落；因意见没被领导采纳而失落；因晋升名单里没有自己而失落……

失落心理随处可见，如果不加以重视，就会给生活和工作带来严重影响。

自从王先生的公司换了领导之后，他就变得非常烦躁。上班总是提不起精神，工作也没以前积极了。以前的“幽默大王”失去了往日的笑容，整天板着一张脸，同事之间的合作也变得没以前有默契了。

最糟糕的事情还在后面，王先生将这种焦躁带回了家，回到家里莫名其妙地对妻子发火，以前抢着做家务的他，吃完饭就坐着看电视。看到面容憔悴的王先生，妻子关心地询问原因，却迎来他的冷嘲热讽。

妻子哭着回了娘家，面对空空如也的房子，王先生意识到了问题的严重性，他跑去向妻子认错。问明原因，妻子原谅了他。

原来，王先生与之前的领导关系一直很好，可因为各种原因，领导被调职了。新来的领导了解过公司的情况，将一些较为重要的工作都交给了其他人，王先生成了不折不扣的打杂工。这样的情况让王先生感到，自己的前途没希望了。他也开始后悔，不该与之前的领导关系太好，不然也不会导致现在的局面。

面对丈夫的失落，妻子劝他与新领导好好谈谈。王先生找机会与新领导进行了深度谈话。原来，新领导并非针对他，在了解了王先生的心理感受后，新领导也做了自我检讨，他对于王先生的工作能力给予了充分肯定，希望他可以放下包袱，好好为公司工作。

与领导谈过之后，王先生的心境一下子变得开阔了，工作也变得积极起来，很多建设性的意见都被公司所采纳，同事们对他也是刮目相看。新领导看到了他的实力，推荐他到国外进修，事情都一步步地朝着好的方向发展。

失落感的产生其实很正常，很多人都会有，有的很快就会消失，而走不出来的人则会被失落感一直困扰，直至造成心理疾病。产生失落感后，首先不能感到无措，换个角度看问题：失落或许就是重新开始的机会。让失落感波及其他不相关的地方，那会产生连锁反应，使你与你的周围都会陷入冷漠与烦躁当中。失落感会使一个人丧失信心，并伴随着很多不良情绪。外在表现就是沉默寡言、注意力不集中、思维迟缓……心理上会呈现出沮丧、消沉、彷徨、自责，等等。如果不及时疏导，后果不堪设想。

那么，产生了失落感该如何应对呢？凡事都要把握好一个度，比如说亲人过世，缅怀是人之常情，伤心也在所难免。可是，沉浸在失去亲人的痛苦里无法自拔，就会出问题。再比如说辞职了，如今工作不如之前，偶尔怀念是可以的，但不可钻牛角尖，否则必伤身心。当你失去某样东西时，可以适时转移自己的注意力，寻求补偿。比如说，与恋人分手，要想着，失去你是他（她）的损失，你正好可以寻找更适合自己的人。

一般的失落感并不会对人造成什么影响，但失落感过于强烈，就会让人陷入痛苦中，进而便无力去改变现状。当你被失落感所左右时，就会沉沦在痛苦中，消极的情绪让你不知道该做些什么或是如何去做，到最后，你会被强烈的失落感打击得体无完肤。其实，可怕的不是失落，而是人的内心不够坚强。心灵过于脆弱，就会害怕去面对、改变。在失落中重新审视自己，感知生活的真谛，便会获得新的人生。

第四章

其实，你可以走得更快

拖延是一种“病”

“衣服放着，我等会儿洗。”“我再看一集就睡。”“这个不急，明天做也行。”……对于这样的话我们都不会陌生。生活中总有那么一些人，做事情总是拖拖拉拉的，不到最后一刻不去做。有些更甚者，即便到了最后一刻，也是能拖就拖。事实上，做事情总是拖拉，这是一种心理病。从心理学上来讲，叫作拖延症。

通常拖延症的表现为：做某件事，一开始效率很低，到了截止期限就加班熬夜；不会管理时间，有新的任务或是挑战时不敢接受，一方面不让别人占用自己的时间，一方面自己又将时间白白浪费掉；常常因为欲望而放弃手头正在处理的事情……其实，大多数人或多或少都存在拖延的毛病。

上司让小李写一份工作计划书，要求下班前交。小李绞尽脑汁终于写好了，看着快下班了，想去交给上司，但此时他又有点犹豫，心里琢磨：上司或许正在接电话，或许正在处理更重要的事，或许在接待重要的客人……他终于鼓起勇气，敲响了上司办公室的门，敲了几声没人应。后来秘书告诉他，上司有事出去了。小李顿时感觉如释重负，嘴角露出了一丝不易察觉的微笑。

其实，小李的这种做法就是拖延的表现。上司出去了，他也可以继续拖延下去，而且名正言顺。

随着互联网的普及，网络让人们的工作越来越方便，同时也成了人们逃避工作的借口。我们习惯于每天打开电脑，先浏览与工作无关的网页；在工作进行当中习惯性地看一下今日头条；在编辑文档时总是习惯性地去点一下 QQ……

做这些事情时，看似无意，每件事也不会占据太长的时间，但在事后，我们通常会觉得后悔，因为本该一个上午就能完成的工作，却要将工作带回家才能按时交给上司。

拖延不仅不能使问题得到解决，相反，因为拖延还会产生一系列不良反应，如自责、后悔、不安等。很多时候，只是一个电话或是几分钟就能搞定的事，可是常常被我们用“再等等吧”“急什么”等言语拖住了我们行动的脚步。从心理学角度分析，造成拖延的原因主要有以下几点：

缺乏自信。拿工作来讲，如果不够自信就很容易造成拖延。通常工作遇到了阻碍，觉得自身能力不足，就容易逃避，一拖再拖。这类人过于在意别人的看法，他们想让别人认为没完成工作是因为时间紧迫，而不愿意让别人说自己能力不足。

追求完美。这类人对自身要求过高，什么事都追求完美，希望一次做好。他们会将大把的时间花费在计划上，却不愿意草草开始，哪怕第一步很容易也不敢轻易迈出，于是一拖再拖。

消极的内心。做任何事都提不起精神，不思进取，在别人看来很简单的事，他们也会觉得困难重重。遇到困难习惯性地退缩，进而使拖延症状越来越严重。

如果改不掉拖延的恶习，你将会失去更多的机会。你因拖延而避免了失败，同样的，你也因拖延而失去了成功的机会。那么，如何克服拖延呢？

首先，你要成为一个主动做事的人，想到了就去做。

其次，不要总想着“等会儿”“明天”“下周”这样的词，要做到今日事今日毕。

再次，可以将事情进行分类。但凡成功者，他们优先处理的都是最重要且紧急的事情，而拖延则会让你手头上的事都变成最重要且紧急的事，那时，你就会把自己逼入死胡同，忙得焦头烂额。

最后，排除干扰。比如说你要阅读一本书，就将音乐、电视、QQ、微信等关掉，安心将书读完，再去想其他。

拖延是一种心理病，拖延会让人变得焦躁不安。所以，在做事的时候，不要总想着结果，要明白，开始更加重要。你拖延的理由再充分，再完美，也不如一次简简单单的行动。

拖延者的心理时间

大多数的拖延者都活在自己设定的时间里，这与“钟表时间”并不相符。当一个人的心理时间与钟表时间出现偏差时，拖延就产生了。

在生活或工作中，很多人习惯性地将事情拖到最后一刻才做。比如说，写市场调查报告，那些花一周时间写报告的人，总能给自己留下放松的时间，而那些花两周时间写报告的人，却将所有时间都花在了搜集资料与写报告上。时间拖得久，并非报告写得就精彩，相反，这样的工作效率很低。

那些拖延者，他们总期待时间变得虚幻，因为他们害怕最后期限的来临。事实上，时间在不断流逝，不会因为你的害怕而停止。

时间，一般可以分为客观时间与主观时间。每天我们靠日历算时间，靠时钟报时，这些都是衡量客观时间的标准，是不可改变却能预知的。每个人都知道，每年从 1 月 1 日开始，每天从 00：00 开始，如果你错过了这个时间，你就错过了开头。主观时间，主要是指钟表之外且更有意义的时间概念，比如，对于时间的流逝，每个人都有其不同的解读，这不能比较也无法量化。很多人都有这样的经历：当你在做自己喜欢的事情时，就觉得时间过得很快，如上网玩游戏、赖床等；当你在做一项不喜欢的事情时，就觉得时间过得很慢很慢，如等一个电话、看一场不得不看却不喜欢的电影等。

很多人很容易将客观时间与主观时间混淆，比如有人经历了失败，一直无法接受这样的自己，无法将过去的恐惧、压力一并忘记，他们在心理上不断去回忆过去的失败，活在自责、悔恨中，此时，时间就会变成心理时间，阻碍你前行的脚步。

对于拖延者来讲，他们欠缺处理主观时间与客观时间之间冲突的能力，对于自身的心理时间与钟表时间之间的差异也不能正确认识。在两者之间不断挣扎，心力交瘁。很多拖延者一直处于时间混乱状态，在处理事情初期，似乎一切都很顺利，可是，他们会突然之间发现时间不够用，进而让自己焦虑不堪，而且，这样的事情会不断重演。

由于每个人对于时间的理解不同，这也使得生活或工作中，经常会因此出现一些小摩擦。例如：

两人相约看电影，一个人翘首以盼，一个人姗姗来迟。

“怎么这么晚才来？”

“不晚啊，离开始还有十分钟呢。”

“为什么你看篮球比赛总是那么准时，陪我看电影总是拖拖拉拉？”

“你在电影开始前半个小时就到了，却说我迟到，我坐下后电影还没开始。”

……

每个人都有其心理时间，让一个人接受另一个人的主观时间是件很困难的事，因此，我们能做的就是相互理解对方的时间概念，尽可能达到某种默契。对于时间的感知来自于过去、现在与未来，如果你仅仅局限在一种氛围里，那么，时间就会出现偏差。反之，如果在这三个氛围里，你可以保持平衡，就能在最短的时间内适应环境，并享受生活。

当一个人不受客观时间的限制，活在自己的时间里时，会造成严重的后果。婷婷已经30岁了，她非常享受活在当下的感觉。当她走在大街上，一家店面接着一家店面闲逛的时候，她仿佛进入了一个不受时间限制的空间，没有工作的压力、生活的烦恼，以及家庭的束缚，她享受到了前所未有的自由。婷婷这种无视时间的做法也严重影响到了工作和生活：她不知道要花多长时间才能使自己坐上主管的位置；孩子即将上学，她甚至还不知道孩子该上哪所幼儿园；看到朋友们为自己的事业努力拼搏，她连自己会什么都搞不清楚……不受时间的限制，婷婷享受了当下，感到了自由，可是，人生却停留在了原地。

时间在拖延者的眼中就如橡皮筋，最后的期限可以无限延伸，最好没有尽头，这样便可以让他们在最后期限前完成工作。对于时间的混乱导致了混乱的结果，在他人看来，拖延者总是忙忙碌碌的，焦虑于事情完不成所引起的后果，想要寻求解脱，却总被一件又一件的事情所羁绊，没有秩序的生活让他们觉得无望。他们陷在自己的心理时间里，进而看不到真实时间正悄然流逝。在心理时间里迷失，生活方式就会跟着改变，使人很容易失去方向感，进而造成严重的后果。

对拖延者而言，时间是无限的，那么，他们就会停留在那一刻，忘记了向前迈步。他们甚至不知道看似没有改变的表象下面，真正的时间过去了多少。这也是很多人感叹“时间去哪儿了”的原因。不受时间约束，会让人在当下感到安全，但势必会为自己的未来付出惨痛的代价，到那一天，你会惊慌地发现，生命已在时间里慢慢消逝且一去不复返。

而当一个人对时间有了独特的主观感受时，这将使你的主观时间更加富裕，对于你寻求自我很有帮助。通常来讲，我们所面临的问题就是如何将主观时间与客观时间整合在一起。如果你对时间把握好，那么，就可以在两者之间游刃有余。比如说，你将要在 18：00 赴约，那么就会适时动身，不会为一些事妥协，而失去诚信。再比如说，你要完成一件周期较长的工作，没有设定最后期限，没有压力，但你依然会按时工作。

给自己一个悠闲的心境

一个拖延的人是很难有悠闲的生活的，他们总是被没完没了的工作所牵绊，被繁杂的生活所累，一个接一个的任务让他们喘不过气来。假期对他们来说就是奢望，会友、散心都被排除在了人生之外，因为有一大堆工作等着他做，一天 24 小时恨不得全部用上，也觉得时间不够。

拖延者不是不想悠闲地生活，而是不敢，一旦悠闲下来，接下来他们就得用更多的时间去弥补。其实，悠闲的生活也可以战胜拖延。带着悠闲的心境，试着让自己放松下来，休闲过后，你会发现你的精力会更加充沛，工作效率比之前更高，生活质量也会相应提升。所以，要敢于放松自己，用悠闲的心境让自己走得更快。

现实生活中，有太多的人给自己过大的压力，每天都忙忙碌碌，到头来也不知道自己这么忙碌是为了什么。那些美好的感觉似乎只存在于想象中。他们总是将时间安排得满满的，看着待处理的工作烦恼，对于悠闲，他们也只能望而兴叹了。于是，他们将自己变成了一个不停运转的机器，工作、处理家事、再工作……

这样轮轴转的生活泯灭了他们心中的愿望，进而开始变得无望、焦躁。面对未来，他们想的只是低头工作，在他们看来，无论再怎么努力，还是逃不过忙碌的明天。

小优是个极会享受生活的人，这源于她有一个悠闲的心境。很多人都羡慕小优，做事总是不慌不忙，且工作效率极高。工作仅三年就升到了部门主管的位置。公司 8：30 上班，小优总是 8：00 准时到公司，然后将别人晚上加班的工作量在此时赶出来，接着开始当天的工作。小优晚上从不加班，下班后，她会买菜做饭，晚饭后会陪患病的妈妈出去走走，然后与家人闲聊、看书。她不希望将时间浪费在无休止的加班中，她宁愿陪家人说说话。

小优并非是一个贪图享乐的人，相反，工作时她极为认真。接到任务后，她首先会制订出计划，合理安排自己的时间，因此，工作完成后，她还有一段空余时间供自己支配。在小优的办公桌上，摆放着紫砂茶壶与茶杯。她是爱茶之人，用小优的话说，她享受泡茶的过程，会让心身得到放松。工作间隙品一口自己泡的香茶，会让紧绷的神经松弛下来，然后更加高效地工作。看着工作台上摆放的全家福，小优会会心一笑，工作带来的巨大压力就此得到缓和。小优也觉得很奇怪，当她全身心放松下来后，反而更容易进入工作状态，工作起来也更有激情。

年末的时候，公司会很忙，工作量随之增加，不过，她尽可能让自己在工作时间内将工作完成。同事都羡慕她的高效率，不用加班也能完成工作。一个周五晚上，同事打电话让她去加班。此时，她正在陪妈妈做治疗，因此礼貌地拒绝了同事。她表示不会加班，但会按时完成工作。后来，小优利用同事午休的时间，每天赶一点，结果，小优最早完成了任务。

在同事眼中，小优是最悠闲的人，不会被工作所累，也没有减少休息时间。相反，其他同事没日没夜地加班，睡眠时间一再缩短，每天在极度疲劳的状态下工作，效率自然很低。

悠闲不是让你浪迹海角天涯，换句话说，如果没有一个悠闲的心境，即便你跑到天涯海角，一个电话就会让你的“世外桃源”变成工作台。现代人常把“我很忙”挂在嘴边，事实上，忙是自己造就的。拖延让他们的生活越来越忙，别人可以享受悠闲的假期，周末参加各种聚会，与家人闲聊。而他们却要伏案工作，连周末也要坐在空荡荡的办公室里加班。

因为，一周的工作你拖到了周末也没做完，而下周的工作计划里根本没有空出时间处理因拖延而积累的工作，所以，只能在周末加班加点。此时，他们会质疑：为何总是自己在忙？为何别人总是能在规定的时间里完成工作？为何自己总是慢人一步？为何自己总享受不到悠闲的时光？为何即便是休假也是心神不宁，对电话铃有一种恐惧感？

其实，不管是加班加点，每天工作十几个小时，还是按时上下班，工作 8 个小时，我们都可能被生活中的各种问题所困扰。或许上司正等着你的调查报告；下属正等着你做决策；家庭正等着你挣钱添置东西……这些都让我们无法放下手头的工作、生活的圈子，从而无法感知悠闲。

很多人向往陶渊明笔下的桃花源，渴望无拘无束的悠闲生活。但是，悠闲的生活并非让你放下一切，不管不顾地流浪或是吃吃喝喝什么也不做，而是拥有一个悠闲的心境。你无论走到哪里，看到的无非是山山水水，或城市，或村寨；或高山，或流水……区别不大。当你的眼界蒙上一层灰，那么，对什么都会失去激情。而悠闲的心境，则会让你即便身处闹市区，也能找到适合自己的放松办法。

每个人都可以享受到悠闲的生活，也很容易过上这样的生活。比如说，上班时不过多地浏览网页，你就不必占用下班的时间来弥补，不需要加班就可以完成工作。学着合理安排自己的时间与生活，什么时候做什么事一定要分清楚，用悠闲的心境去享受高品质的生活。

不要让懒惰找上你

人的心理是极为复杂的，就懒惰而言，它是一种心理上的厌倦情绪。这种心理状态会使人无法按照既定的目标行动，进而影响一个人的成功。

在日常生活中，人们时常会被一些不良的心态所影响，身心受到严重考验。懒惰在表面上给人一种安逸、休闲的感觉，实则是消沉、倦怠，让你看不到未来的希望，一度对自己的人生产生怀疑。懒惰的表现形式并非单一存在，它包括有极端的懒散与轻微的犹豫状态。很多情绪都会引起懒惰，如愤怒、嫉妒、羞怯等，这些不良情绪会阻碍你前行的脚步。

很多人都有这样的经历：做一件事，却时常被一些突发状况所干扰或是心理不良情绪作祟，虽然知道要赶快将手头的事情做完，可就是一拖再拖，直至最后本来计划三天完成的事情，只能在短短半天时间内草草完成。这完全是懒惰心理在操控着一个人的行为。

戴尔·卡耐基说：“一个懒惰心理的危险，比懒惰的手足，不知道要超过多少倍。而且医治懒惰的心理，比医治懒惰的手足还要难。因为我们做一件不愿意不高兴的工作，身体的各部分，都感到不安和无聊。反过来说，如果对于这种工作有兴趣，做得愉快，工作效率不但高，身心也感觉到十分舒适。”懒惰是一种极具破坏性的心理状态，尤其对于渴望成功的人来说，它会使人丧失斗志。遇到事情，最初推脱，慢慢便开始拖延，久而久之就会养成懒惰的习惯。

当你开始习惯性地拖延时，就会找各种理由来为自己辩解。懒惰心理会让一个人变得碌碌无为，离目标越来越远。当你开始贪图安逸时，你的生活和工作就会受到严重影响。比如，一个人因既定目标没完成而受到上司批评，于是下定决心，下个月一定按计划做事。可是进入下个月，因为离月底还早，于是就在工作时间闲聊、浏览无关的网页。最终，这个月的业绩还是没有达到。这就是懒惰心理所带来的负面影响。

懒惰心理很容易让一个人做事变得拖拖拉拉，其主要表现在思想与行为上。就思想而言，有懒惰心理的人总是将事情推到一个又一个的“明天”，明知道事情需要今天完成，却总是期待着明天再去做，并且在思想上总是依赖别人，认为这件事我不做还会有人去做。就行为而言，懒惰心理会让人做事总是不积极、提不起精神，别人说急了才会心不甘情不愿地去做。

懒惰心理让很多人变得浑浑噩噩，总是沉浸在不快乐的情绪中，日常生活也变得毫无秩序，就比如这位女孩：她最近变得越来越懒了，早晨起床变得慢吞吞的，要么卡着点上班，要么迟到。上班后也觉得像是在熬时间，眼睛总是无意识地瞟向电脑上显示的时间。能不做的事她会尽量不做，上司交代的工作，只要不急，她能拖就拖，懒得动手。原本一周可以完成的工作，她两周才完成。下班后她也懒得动，鞋子一脱，就躺在沙发上看电视。家人做好了饭，也是三遍五遍才能把她叫到饭桌上。周末不是睡觉就是看电视，原本计划利用周末收拾家务，也一再搁置。

面对不喜欢做的事，人们总是推三阻四，不愿意立即执行。比如，很多人会觉得做家务无聊且枯燥，于是将家务整理一拖再拖。其实，换个角度看问题，说不定有意想不到的收获：把做家务看成是锻炼身体的好机会，也可以与家人一起收拾房间，既交流了感情，又做好了事情。

也有一些有懒惰心理的人，总觉得没做好万全的准备是不能开始的，事实上，没有开始永远没有结果。可以为自己制作一个时间表，将一天中需要完成的任务一一注明，从小事做起，不要理会心中那一大堆不让你做的借口。慢慢地，大的计划就不会再拖延了。

克服懒惰心理并非一朝一夕的事，可是，只要你下定决心，懒惰就不会找上你。在日常生活中，下意识地约束自己，不要总将希望寄托在他人身上。在你想要偷懒时，看看身边忙碌的身影，你就会再次投入到事情中。坚持不懈，终会与懒惰慢慢隔离开。

逃离幻想

大多数的拖延者都不愿意行动，最大的原因是害怕，害怕结果不是自己所想，害怕行动之后让自己陷入无尽的麻烦中。拖延的背后，其实是他们担心真实的自己不被人们所接受。于是，他们在痛苦、自责、轻视中越发失去自我。虽然痛苦，但他们宁愿活在不真实的世界里，也不愿面对真实的自我所引发的批评与嘲讽。于是，拖延成为他们最好的借口。

拖延者总是活在自己的幻想里，活在自己编织的世界里，与真实的世界渐行渐远。拖延者的内心并非平静如水，他们经常会感到焦虑与不安，会对自己过分苛刻，总想让事情达到完美，可是他们看起来却没有时间观念，做起事情来也是随意应付，对自己的要求并没有想象中那么严苛。

拖延者的内心总是倍感烦躁，负罪感提醒他们“我必须马上行动”，但是想着离最后期限还远，即便内心焦虑，却还总抱着一丝希望。于是，原本计划好的事情，在摇摇摆摆中，变得遥遥无期。

在拖延者的心里，他们总是怀着美好的愿望，将事情的期望值提升到最高，而且会将难度无限放大。我们说，设定一个目标，朝着目标前行必定会取得成果。可是，前提是对自身及目标有个清醒的认识。就拖延者而言，面对美好的未来，因期望值过高却使他们无从下手，他们总认为完成这一目标需要付出极大的精力，这让他们无所适从。计划看似完美，可是完成计划却是件很遥远的事。

拖延者会将事情对自己的意义无限放大，觉得此事对自己意义深远，只能成功不能失败。在他们的幻想里，正在做的事与自己的尊严、生死存亡有着极大的关系，似乎完不成此事，就会失去一切。他们将大量的时间用在计划与准备上，就是没有勇气开始。他们的心理给予的暗示是：这件事太重要了。于是，他们往往让自己活在事情所带来的影响与后果里，而非事情本身。

崔小姐接到一项任务，任务完成的结果直接关系着年底的主管选拔一事。崔小姐非常看重这次任务，她制订了详尽的计划，做了大量的准备工作。她原以为事情会按照自己所计划的走向稳步发展。

可是，离截止日期还有一半的时候，崔小姐惊讶地发现，她其实什么实质性的事情都没有做。她总想着，如果失败了，同事会嘲笑自己，上司会对自己失望，家人会叹息……这项任务关乎着自己未来的生活，于是，她不停地修改计划，迟迟不敢有所行动，生怕走错一步而引发不可预知的结果。

她一直不断地提醒自己：我得马上行动了。但事与愿违，崔小姐变得越发焦虑，脑子里总是闪现着那些会毁掉自己生活与工作的可怕后果。到最后，崔小姐错失了选拔主管的机会，而比她能力稍逊一筹的同事则坐上了主管之位。此时，留给崔小姐的只有深深的懊悔和自责。

拖延者总觉得自己被工作所包围着，他们不敢放松，在他们看来，自己一天 24 小时都在为工作而运转，即便与友人喝茶聊天、吃饭睡觉都是在想着工作。这些念头深深植入他们的心里，想放松也放松不下来。久而久之，他们就会对工作产生厌烦，被负面情绪所包围，如沮丧、孤独、失落……

难道你真的没有可自由支配的时间去放松吗？事实上，很多人将时间浪费在刷新网页、刷新朋友圈上，事后却用大量的私人时间去弥补这段缺失。所以，不要再告诉自己没有时间，只不过你把时间白白浪费掉了。

走出你所幻想的世界，工作其实没有你想象中的那么困难，即便失败了，后果也没你想象中的那么严重。不要总觉得自己这也做不好，那也不会做，认为自己就该一事无成。那样你就会被自己内心所设置的障碍打倒，使你无法达到更高的高度。要知道，人的潜能是无限的。

试着做深呼吸，清除脑子里不清醒的想法，整理思路，提醒自己幻想那些没有发生的事情是毫无意义的，最重要的是马上行动，迈出一小步比活在幻想里更有意义。

第五章

欢笑与快乐是人生良药

用微笑面对人生百态

微笑是一种健康的生活态度，象征着积极与豁达。莎士比亚说："如果你一天中没有笑一笑，那你这一天就算白过了。"微笑是上天赐予我们最美好的礼物，也是我们的精神力量，愉悦的心情会带给我们健康的身体。面带微笑会给人留下一个好印象，有利于你的人际关系。当你微笑时，病痛会减轻，忧愁会消除。

很早之前曾播出过一部电视剧，叫《东京爱情故事》，剧中人物莉香的笑容，即使过去多年，也依然让人记忆犹新。她长着一双会笑的眼睛，笑容中带着坚强与甜美，让人看着很舒服。虽然失去了爱情，但莉香的头依然抬得高高的，眼泪逼回，她依然是那个爱笑的女孩。莉香说："我从来都没有让时间静止下来，从来都没有这么想过，即使知道明天会有悲伤的事，我也高兴地期待着明天的来临。"看着曾经的爱人，莉香华美转身，嘴角依然绽放着灿烂的微笑。

微笑代表着自信，是心理健康的象征。生活中有很多人，他们即便面临困境，即便疾病缠身，他们依然微笑面对。上天似乎赋予了微笑超凡的魔力，使其充满力量，这种无形的力量可以支撑一个人走出困境，战胜病魔。

微笑就好比在原地跑步，起到了良好的锻炼作用。人在微笑时，对呼吸及循环系统会起到良好的刺激作用。拥有微笑的人，心情是愉悦的，这样的心情会刺激中枢神经，对消化液的分泌有很好的促进作用。因此人们常说：笑口常开者，延年益寿。

当一个人处于危险、烦躁的状态时就会紧张，此时，身体的各项功能都会被调动起来处理危机，其他系统因此受到影响，如免疫系统、消化系统等。而且，心血管的压力也会因此而增加，久而久之，身体就会被各种慢性疾病所缠绕。如果此时你一直压抑着身体内的自我修复功能，对于疾病的恢复是很不利的。

欢笑是一种有效的心理治疗方式，人生难免会遭遇低潮，此时，试着嘴角上扬，用微笑来改善你忧郁的心情，可以让一个人的身体得到放松，减少心理压力。

许先生最近总是头痛失眠，借助安眠药也很难入睡，而且睡眠质量很差，早上起床总是没精神。因为一家老小都要靠他挣钱，他只能强打着精神上班，做调查、写报告、订计划……许先生的工作安排得满满的，竞争压力的增加，使他丝毫不敢放松。以前的许先生阳光开朗，富有幽默感，而如今呢，他已经不记得上一次开怀大笑是什么时候了。

通过药物治疗，许先生的头痛失眠并没有得到缓解，脾气也越来越暴躁。妻子看着这样的许先生，很心疼，于是偷偷咨询了心理医生。医生告诉了她一句话：“小丑进城胜过一打医生。”

她参透了其中的意思，开始想着法子逗许先生开心。她从网上找了几部喜剧电影和许先生一起看，周末便拉着许先生骑着单车畅游郊外，还时不时做出一些调皮搞笑的动作，许先生脸上的笑容多了，郊区小路上回荡着他们的欢声笑语。

笑声取代了哀叹声，心情愉悦了，许先生的头痛失眠也得到了缓解。他发现，当自己以微笑示人的时候，周围的人也会回以微笑。以前总感觉办公室死气沉沉的，给人一种压抑的感觉，现如今再看，同事友善，工作也变得轻松多了，心情自然就好了。

有研究表明：一百次的开怀大笑等同于 15 分钟的有氧运动量（骑单车）。不要把笑声当成一种简单的声音，它可以帮你卸去身上沉重的压力与紧张感。一个人开怀大笑时，会调动身体上的 400 多块肌肉，增加血液循环，促进新陈代谢。

笑是最天然的止痛剂且没有副作用。人在微笑时会产生快乐激素，可以缓解疼痛，所以患有关节炎、风湿的人可以多笑笑。

人在大笑时会调动身体很多功能，可增加能量的消耗，达到减肥的效果。

那些时常与人谈笑的人很少患心血管疾病，因为微笑可以促进血液循环，使有害物质排出体外，减少心脏负担，大大降低了心脏病的发病率。

微笑可以增进人与人之间的感情，在这个日趋冷漠的社会，我们需要用微笑来温暖人心。真诚的微笑可以让人收获友谊，尤其身处职场，微笑会让你更有晋升的机会。

当你感觉到压力时，不妨笑一笑。大笑时，体内会释放内啡肽，可以使负面情绪得到缓解。

微笑对每个人来说只不过是嘴角的一个弧度罢了，但其中蕴藏的力量却是无穷的。微笑不仅仅是一个表情，它还代表着善意、真诚、快乐与健康。很早以前就有“笑一笑，十年少”的说法，微笑是一种欢乐的情绪，可以使人将不愉快的事情忘记。试着用微笑来装饰你的世界，你会发现，一切都变得那么美好，那些在你看来很难原谅的事也会变得微不足道。

真诚奉献自己微笑的人是善良的，成熟的，他们会使人感到愉悦，因此，不要吝啬你的微笑，它是人生良药，让你的身心更健康。早晨起来，面对镜子给自己一个微笑；见到同事、朋友，提醒自己微笑着打个招呼；有快乐的事学着与身边的人分享，你得到的就是双倍的快乐……

用微笑来抚平你的心伤，当你的心变得豁达，凡事用笑容面对，你的人生也会充满更多的欢乐。

笑声不只是一种声音

生活中有很多人忘记了笑，他们困守一方，活在自己的世界里，孤芳自赏，顾影自怜，为失去而烦恼，为放弃而痛苦。他们觉得自己被遗弃了，觉得生活对自己太不公平，没有一件值得高兴的事。于是，他们收起了笑容，怒视周围的一切，变得郁郁寡欢，身边的人也离他们越来越远。

莫泊桑说："生活不可能像你想象的那么好，但也不会像你想象的那么糟。"生活就如一面镜子，你笑它也笑，你哭它也哭。当你总是用抱怨、愤怒看待生活时，生活回馈你的也只有痛苦、沮丧。笑声并非只是一种声音，它是世间最美好的音符，直达心灵，让阴郁的内心充满阳光。

A 愁容满面，低着头走在大街上。原来他刚刚参加了一场面试，因为某种原因没有通过。这已经是他这一周的第三次面试了，口袋里的钱已不容许他再耽搁，房东已经几次催他交房租了。下午，他要奔赴另一家公司面试，如果再不通过，他就要乖乖地回老家了。他心情极度郁闷，边走边踢着路边的小石头，踢出去的小石头不小心打到了一位路上的行人，两人吵了几句。A 的心情更加不好了，一路上骂骂咧咧的，看周围的一切都那么不顺眼，对下午的面试也越来越没信心，他甚至想，直接回老家算了。

走着走着，他突然听到一阵爽朗的笑声。他想：拥有这样笑声的人一定很快乐。A 停下脚步，寻声望去，看到一个坐在轮椅上的女子正和一个小男孩在玩丢球的游戏。小男孩失手，球滚到了 A 的脚边，他捡起球送还到他们身边。

看着女子空空如也的裤管，A 露出了同情的目光，心想：这女子真可怜，她一定很伤心。可是，他并没有从女子的脸上看到一丝忧伤，反而是青春洋溢的笑容打动了 A。女子扬起脸，带着真诚的微笑对 A 说了声"谢谢。"女子看到 A 盯着自己的腿，并没有感到难堪或是失落，也没有流露出伤心的神色，只是笑着说了两个字："意外"，就这样简单概括了自己的心酸与悲伤。

女子接过球，继续与小男孩玩了起来，看着他们嬉闹的景象，听着女子悦耳的笑声，A的嘴角不自觉地上扬起来。他的心情突然变好了，他觉得自己是多么的愚蠢，一点点不顺心的事就将自己打倒了，还不如一个女孩子。于是，他紧握公文包，重拾信心，疾走在马路上，准备迎接下一次的面试。他想，即便再次失败，他也不会沮丧的，而是要越挫越勇，直至成功。

对于一个笑声有多种解读，如果一个人沉浸在自己的世界里，自怨自艾，那笑声于他们来说只不过是一种声音罢了。而对有些人来说，笑声就是最好的良药，可以让人感到温暖，重拾信心。

真诚的笑声代表着宽容，灿烂的笑容可以直穿人的心灵。不仅仅是爱情，生活、工作亦如此，困难与挫折再大，用一抹微笑沉着应对，使内心更加自信、坦然，就能攻克一个又一个难关。找回你失去的笑容，带着微笑与身边的人进行真诚的沟通，它会拉近我们的心灵距离。

微笑是无声的行动，它比语言更有力，乐观地面对人生，便可创造奇迹。愉悦、爽朗的笑声可以驱散不良的心理，净化人的心灵，使紧张、郁闷的心情得到缓解，你的人生也会因笑声变得更幸福。

感到悲痛、绝望了，就大笑三声，它就是你的精神食粮，让你的内心充满爱。没有人能剥夺你欢笑的权利，缺少了笑声，人就会变得孤独、郁闷。如果你身处逆境，请别忘记了微笑。微笑是极为简单的一件事，却能带你走出困境。挫折面前，笑对人生，用乐观的心态去应对，你会活得更轻松。

笑声可以营造出轻松、自由的空间。很多人为了生活，为了成功，将最真实的自己掩藏，在利益争斗下，他们的笑声也越来越少。而再看那些健康长寿之人，他们大都爱笑，性格开朗、热爱生活。欢笑与快乐可以驱散愁闷的心情，让人变得乐观。

笑声为我们带来的是快乐、融洽、轻松的氛围，用笑声可以去感染身边的人。人生道路，难免遇阻，即便你再苦闷、伤心，阻力也丝毫不会减弱，反而会肆意损害你的身心。为何不让你的人生路上充满纯净的笑声呢？遇到令自己伤心、难过的事，笑着走过去，你会发现，得到的是一份释然，心灵的释放也会使你的身体更健康。

不要让笑声仅仅成为一种无奈的声音，让你的笑声少一些伪装、私欲，那么，你的心便是健康、快乐的。当你遇到一件令你开心的事，就开怀大笑吧。笑声不仅有益于你的身心健康，周围的人听到你的笑声也会不自觉地跟着你笑，此时，你的身边必定是其乐融融。

希望是命运的另外一扇窗

电影《肖申克的救赎》中，主人公说过一句话："希望是美好的，也许是人间至善，而美好的事物永远不会消失。"主人公被误判终身监禁，却从未放弃过希望，最终用 19 年的时间挖通了别人认为 600 年才能挖通的通往外界的地道。可见，希望的力量是无穷的。

有希望才会有坚持，或许最终希望无法实现，或许希望会给人一种虚无感，但是我们需要希望，这不是做白日梦，而是给予自己走下去的勇气。拥抱希望，它便会给予你力量，让你的人生更容易成功。希望代表着力量，在你身处困境，最艰难的时候，希望会激励着你勇敢走下去，它给予你勇气、机遇，带给你成功。相信希望，就是相信未来。

有一位心理学家做了一个实验：准备一个装了水的器皿，将两只大白鼠放进去。它们拼命挣扎，5 分钟后已经奄奄一息了。此时，在器皿中放入一块木板，两只大白鼠借此存活了下来。过了几天，这两只大白鼠再次被放入装了水的器皿，结果让人大吃一惊：它们竟然坚持了 24 分钟。在大白鼠又一次奄奄一息时，放入木板，它们再次活了下来。

对于此情景，心理学家的解释是：第一次它们没有逃生经验，完全凭本能挣扎。有了第一次的经验以后，它们有了希望，希望有一块救生木板降临。而这种希望，就是乐观的心态。内心一直存着好结果，便能坚持、再坚持。

其实，很多人都不知道自己的潜力有多大，绝境之下，唯有心存希望，才能激发内在潜力，助你走出困境。希望是无形的，是精神层面的东西，看不见、摸不着，它是内心的一种信念。简单来讲，希望就是念想、盼头，它比物质更能激发人的潜在能力。这个世上没有什么是不可能的，也没有什么是做不到的，希望推动着我们前进，希望创造了一个又一个奇迹。

三位探险家在沙漠迷路了，烈日之下，口干舌燥，而他们随身携带的水也越来越少了。其中一位探险家说："不行了，我实在走不动了……你们别管我了……"

说完他就瘫坐在了地上。另一位探险家走过来，也是有气无力，说："不行，我们一起来的，也一定要一起走出去。"此时，又一个人走过来，手里拿着水壶，笑着说：“看，我们还有满满的一壶水，肯定能支撑我们走出去的。”

他们继续往前走，当坚持不住的时候，就会看一下那装满“水”的水壶，之后他们就会浑身充满力量。不知道过了多久，从天黑走到天亮，再从天亮走到天黑，只凭着那一口都没喝的“水”他们终于看到了绿洲。当那两位探险家打开水壶时，惊讶地发现，里面一滴水都没有，而是一壶沙子。装沙子的人说：“这可不是普通的沙子，它代表着希望。”

希望给予人的力量就是如此之大，我们也经常会从那些报道地震的新闻里看到关于希望的例子，有人在等待中慢慢绝望，直到生命消逝，而有人坚持了几天终于迎来救援，创造了一个又一个奇迹。

要相信生活并不完全是我们看到的那个样子，每个人都有栽跟头的时候，没有人一直是上天的宠儿，看淡得与失，淡然面对人生的起落，给人生一个希望。人生最不能缺少的就是希望，有希望的存在，不管面对多么黑暗的境地终会看到光明；不管感到多么痛苦也能从中体会到快乐。人生路上，希望就如指示灯一般，指引着我们前进的脚步。

事在人为，通过主观努力失败了，不要觉得遗憾，正所谓，谋事在人，成事在天。过于强求，你是不会快乐的。一个总是看不到希望的人，一定不会开心，看周遭的一切也都变得消极。人生道路上充满荆棘，如果因为小小的挫折就畏缩不行，对未来失去信心，那你永远也无法成功。

怀揣希望，你就有了前进的动力。当你心中充满希望，即便跌入深渊，你的内心世界也会因希望而倍感温暖。

乐观与健康

对于一个人来说，除了身体的健康之外，最重要的就是心理健康。当心理不健康时，就容易引发心理疾病。而心理疾病会诱发多种身体疾病，且会使某种疾病加重，对我们的身心健康带来严重的不良影响。因此，关注心理健康非常重要。要保持心理健康，首先要做到的就是有一颗乐观的心。

乐观的人看到的总是好的一面，他们不管走到哪里都是受欢迎的，通常乐观的人更容易成功，且身体健康。而悲观者则刚好相反。

悲观的人总是为“明天”而忧心、烦恼，一个人无法改变已经发生了的事，但会因为过于担心而毁掉美好的当下。悲观者就是过于计较未来的事而徒增烦恼，每天为自己所制造出来的烦恼忙忙碌碌，到头来却一场空。有人说：“人无远虑，必有近忧。”的确，人不能只活在当下，贪图享乐，不为将来打算。不过，这句话更适合对一个人的工作态度而言比较好，着眼于未来，多思考一步，成功的概率就会大一些。而如果运用到处世上，那人就活得太累了，每天都会有新的烦恼发生，如果再去为了“明天”而烦恼，那就等于自讨苦吃。

陈太太最近总是忧心忡忡的，吃不好，睡不踏实，牙龈也肿得厉害。实在忍受不了这种折磨，她去找了她最要好的朋友。朋友见到面容憔悴毫无精神的陈太太也颇为吃惊。

陈太太一上来就向朋友大吐苦水。她说："你都不知道我最近有多忙，我刚开了一家美发店，生意也不错，不过看着今天的客人没有昨天的多，我就担心，以后会不会客人越来越少呢？还有，今天的客人比较少，是不是我们的服务不到位？还有，我老公对什么事都不上心，就只会剪头发，店里生意好坏好像与他没关系似的。还有……"朋友不得不阻止陈太太，因为她的"还有"不知道要说到什么时候，而且听了这么多，这些"还有"似乎都无关紧要。

朋友说："不要总是想一些不好的事，忧心一些还没发生的事。做生意就是这样，你不能期待每天都宾客盈门，总会因各种各样的因素影响到店里的生意，你要做的就是不要这么悲观，凡事往好的方面想。"

当事情还没有发生时，不必过于担忧，就算真的发生了令自己担忧的事，也要积极应对，很多事情其实并没有我们想象中的那么严重、困难。如果过分自责、感伤，那就太不值得了。为了某件事而担惊受怕、频做恶梦，只会让自己筋疲力尽，对身心无益。有时静待事情的发展，更有利于你看清事实，做出正确的决定。悲观、感伤并不会使命运有所改变，相反，会使你在失败的道路上越走越远。时刻保持乐观的心态，便可创造更多的幸福、健康与希望。

在很多人看来，他是个不幸的人。一出生就因为患病而无法站起来，上学时常被同学们嘲笑，父母为他做了最大的努力，可仍然改变不了他站不起来的命运。看到父母的眼泪，再想到以后肯定会拖累父母，他也曾对这个世界失去眷恋，咒骂上天的不公。

他开始害怕接触人群，拒绝上学，每天躲在房间里，透过窗户望着蓝蓝的天，而他的内心则灰蒙蒙一片。这样的情况持续了一年，他的身体也每况愈下，有多种并发症。他的母亲终于爆发了，怒骂他："你觉得你这样天天躲在房间里，你就能站起来了？你觉得不能走路很丢人吗？世上那么多身患疾病的人，难道他们都像你一样悲观吗？我看你的书是白念了，你只是腿不走路，脑子又没坏，怎么就见不得人了……"

母亲后面又说了什么，他不记得了，看着父母的眼泪，他想，他其实已经很幸运了，至少父母没有遗弃他，依然爱着他。他收起了悲观的情绪，慢慢接受上天给予的命运。他觉得母亲说得对，自己的脑子又没坏，还可以做很多事情。他开始拼命学习，试着接触人群，即便偶尔会收到同情或嘲笑的目光，他也一笑了之。或许上天在为你关掉一扇门的同时，就会为你打开一扇窗。他通过努力，成了家，有了自己的事业，除了不能走路外，他一切都是健康的，脸上也一直挂着笑容。

生活中，我们难免会遭受到背叛、失业、疾病等的打击，有些人陷在深深的痛苦中无法自拔，不是喝得烂醉，就是冲动地做出一些无法挽回的错事。其实，人处于伤心难过的时候，过度思考或是纠结于事情的某个错误点，不仅会使痛苦加深，更会使痛苦的时间延长，进而进入恶性循环。

悲观的心态会使你的心灵堆满垃圾，这样病态的心灵让你始终与健康、快乐、成功无缘，甚至会让人一无所有。而乐观的心态则会为心灵注入健康的营养，让一个身处逆境的人走出阴霾。就如瞿秋白说的："如果人是乐观的，一切都有抵抗，一切都能抵抗，一切都会增强抵抗力。”

保持乐观的心态，正确地看待自己与他人，面对复杂多变的社会，学着用理性去思考，多与性格开朗的人接触，远离使我们身体产生毒素的情绪，这样才能更健康。

谁都喜欢幽默的人

有幽默感的人身边总是充满欢乐，他们的幽默会感染身边的人；有幽默感的人一定是聪明的人，他们用机智与聪慧来化解矛盾，为身边的人带来欢笑。在生活中，幽默的人也是受欢迎的，他们风趣，有着丰富的表情，与他们在谈笑间，常常会被他们的话所吸引，觉得与其聊天很开心、很放松，有很喜欢与这种人相处的感觉。

幽默可以化解尴尬，很多时候，幽默充当着活跃剂的作用。相信每个人都喜欢轻松活跃的环境，喜欢与笑容满面的人交朋友。比如说有两个正副主管，正主管每天笑呵呵的，爱讲笑话；副主管总是沉着脸，一本正经。你觉得哪个更受下属欢迎呢？

我的一位朋友，别人与他说话一般不会超过 15 分钟，因为他总是流露出悲观情绪，让原本轻松的环境变得异常糟糕。当你和他讨论去海边旅游时，他会说海边太阳太毒，还有被海水冲走的危险；当你和他说去西藏走走时，他会说高原反应不是人人都受得了的，小心要了你的命；当你和他聊夫妻关系时，他会说自己的爱人如何挑剔，不顾家……

似乎他的世界里没有一件值得高兴的事，他的唉声叹气把周围的人也带入了一个不开心的环境。久而久之，没有多少人愿意与他说话了。

的确，没有多少人愿意听一个人不停地抱怨，说自己有多不幸。即便是朋友，也会对你的整日抱怨感到厌烦。一个无趣的人身边必定缺少欢声笑语。无论是生活还是工作中，我时刻提醒自己做一个有幽默感的人，即便发生倒霉的事，也可以通过讲笑话的方式与周围人分享。人生道路上，每个人不可避免地会遇到一些不如意的事，你可以试着将其当作一次有趣的体验，讲给身边同样需要用快乐刺激的朋友，你会收获更多的欢笑，而你的交际圈也会越来越大，大家也乐意与你分享。

在人际交往中，欢笑可使事情进展得更加顺利。谁都喜欢与幽默风趣的人聊天，因为能从中感受到快乐。幽默之人即便正遭受着不愉快的事，他们也会笑着面对。幽默不仅使你成为受欢迎的人，而且对于处理特殊的人际关系很有帮助，适当的幽默可以建立起愉快的氛围，赢得更多的支持。

阿言研究生毕业后，在一家外资企业找到了一份不错的工作，她本就是个开朗之人，刚到公司才一个月，就与同事们混熟了。同事们也喜欢她的性格，她的小幽默总能使尴尬的气氛得到缓和。阿言的上司是个外国人，阿言进去送文件时，不小心将桌子上未喝完的咖啡杯碰倒了。上司皱着眉头说："估计我的办公室会被蟑螂入侵了。"说完耸耸肩，准备看文件。阿言笑着说："这个您放心，我保证肯定不会的。"上司疑惑地问："为什么？"阿言边擦桌子边说："因为中国的蟑螂肯定只吃中餐喽。”上司听后哈哈大笑，对阿言也是另眼相看。

没有人会拒绝与幽默的人交往，他们更容易亲近，人们会不自觉地向其靠拢。在与上司、同事的相处中，阿言的幽默就为她赢得了良好的人际关系。

懂得幽默的人热爱生活，他们把幽默作为其应对压力的方法，来使自己紧绷的神经得到放松，也用快乐感染着身边的人，让人忘记不快。

懂得幽默的人是乐观的，即便身处逆境，也能一笑而过，或是用自嘲的方式让自己走出尴尬境地，他们的笑声象征着希望。

懂得幽默的人是宽容的，与人为善，一个小小的幽默，有时就会让不依不饶的人无地自容。

当然，幽默不是哗众取宠，更不是为了取悦谁而放下身段讲些低俗的笑话。幽默是一种气质，流露出的是一种智慧。有些人为了表现自己的幽默感，在不恰当的场合讲一些自以为幽默却极为浅薄的笑话，取笑他人的弱点，周围的人笑了，但并不会认为你是一个聪明的人。真正的幽默感是需要偶尔放下面子，用自嘲的方式来提高幽默感。

幽默也并非与生俱来，而是可以通过后天培养的。让自己保持积极乐观的心态，这样才能多角度分析问题，然后依靠相关性用幽默的方式表达出来。多看一些笑话或是视频，学习幽默的表达方式，刚开始时可以模仿，久而久之，随着知识的增加，你的幽默表达会越来越具个人风格。

当你遇到尴尬或是不幸时，可以通过幽默的方式来表达，既可以减轻痛苦，又可以安抚关心自己的人。比如，店面经营不善而关闭了，面对担心自己的亲朋，你可以跟他们说，正好可以休息一下，听说某市过几天要举办选美大赛，原来还觉得可惜不能去看，这下正好。用这样的方式既可以缓解亲朋的担心，又可以让人看到你乐观的生活态度。

聪慧的人懂得利用幽默，幽默的人无论是外表或是内心都充满了阳光，而阳光的人生活中必定充满快乐。让自己变得幽默起来，你的身边便会充满欢声笑语。幽默可以让你紧锁的眉头舒展开，让你忘却烦恼，用幽默来调节你的身心健康。

如果你是幽默的人，就将你的欢笑带给身边的人。如果你不懂幽默，那就先从寻找身边幽默的人开始，与他们接触，用他们的欢笑赶走你内心的阴郁。

生气是一味毒药

我们常说“气大伤身”，可是大多数的人在气头上时都无法做到平心静气，解决不了问题，反而会使问题陷入僵局，使本就不顺利的事雪上加霜。而且，生气所产生的不良情绪会威胁到身体健康。换句话说，生气就是拿别人的错误来惩罚自己，得不偿失。

人在一生中会遇到很多自己无法改变的事，此时，我们唯一能做的就是改变自己。即便遇到再倒霉的事，也不会将自己看成是最不幸的人，这样的人看到的是生活美好的一面。人生有太多我们无法解决和处理的事，学着坦然接受，用生气的时间来做些更有意义的事，岂不更好？

你的人生由自己创造，是喜是哀全看自己的心，没必要在鸡毛蒜皮的小事上斤斤计较，浪费的是你的时间，气坏的是你的身体。想一想，你生气一分钟，就少了60秒享受的时间；当你生气达到了一周，那么，心肝脾肺都会来找你的麻烦。

老王正在阳台上一边哼着小曲儿，一边摆弄他心爱的盆栽，结果楼上随手扔下来的垃圾弄脏了盆栽，这让老王很是恼火。他抱着盆栽就冲上楼，怒气冲天地与人理论，还没说两句，老王就觉得脑袋一阵刺痛，随即倒在地上，不省人事了。家人赶忙将老王送到医院，幸亏抢救及时，老王并无大碍，当天就出院了。老王入院的原因很简单，就是由于生气，情绪波动大，导致血压突然升高。老伴劝他说："这次真危险，以后别动不动就生气，为个破盆栽生气，结果气坏的是你自己。"

《黄帝内经》中提到："百病生于气。"生气对人体危害极大，如长色斑、加速衰老、伤肝、引发甲亢、损害免疫系统等。生活中像老王这样的人不在少数，因为一件小事就着急上火，导致身体受到危害。

什么是气？有个很形象的比喻，气是别人吐出，你却接到口里的那种东西，你吞下便会反胃，而当对它视而不见时，它便不会对你产生影响。人生有那么多美好快乐的事，何必腾出时间去生气呢？

A和B逛完街，走在人行道上，边走边说笑，突然A感觉头上有什么东西落了下来，凉凉的，用手一摸，软软的。B仔细一看，竟然是混着水的泥土。原来高楼阳台上有人浇花，顺带着冲洗掉了阳台的泥土。这种行为实在让人生气，B冲着楼上正准备开骂，A及时制止了他，笑着说："也不是什么大不了的事，回去洗洗就行了，刚好我的头发要洗了呢。"B 觉得 A 的容忍度实在太大了。A 对 B 说："我被泥土砸中本来就够倒霉了，如果我再生气，那岂不是自找倒霉？"

的确，遇到倒霉事就生气，带着怨气找人理论，只会激发矛盾。何不学习故事中的 A，学会容忍，不要为不该生的气而气。容忍并非毫无原则的妥协，也不是懦弱的表现，这是一种达观的生活态度。其实，生活中有很多事都不值得生气，只是因为看问题的角度不同，才有了一个又一个面红耳赤的人。

我们常常能听到这样的话："真是气死我了""这件事让我太生气了"……紧张的生活与工作使很多人变得越来越忙碌，没有谁能逃脱失败与生气。当生气过了头，就会转化为愤怒。人在愤怒时，就很难做出正确的判断，往往会失去分寸，将事情引向更加糟糕的局面。

生气可以，但要学会消气，而且不要让生气因子在体内存留时间太长，否则，它就会如一味毒药，侵蚀你的内心。

如果某个人或某件事让你很气愤，那么在发火之前赶快离开。你可以找一处清静的地方，发呆也好，看书也好，只要能让自己静下心来即可；你也可以找信得过的朋友宣泄心中的不快，从朋友处你可以得到安慰、调节，怒气自然会慢慢消散；还可以听一听自己喜欢的音乐，做一些自己喜欢的事。当注意力转移到其他事情上时，对于让你生气的事你就会慢慢淡忘，等再次想起时，就不会那么生气了。

如果是别人的错误使你生气，那就太不值得了。不要过于乞求别人对你的理解，那样会使你消耗过多的时间与精力，进而忘记了最重要的事。在你生气之前，还要静下心来想一想，值不值得生气？责任在谁？如果你够细心的话，就会发现，当你用手怒指对方的同时，有三根手指是对向自己的。也就是说，你需要学会反省，并非所有的生气都源于他人，有时可能是自己给自己找气受。

当你遇到了一件让自己很气愤的事，可以试着深呼吸，提醒自己，一定要忍耐。如果真的到了怒不可遏的地步，那就选择沉默吧，很多时候我们无法控制事情的走向，但可以控制自己的情绪。

宽容的治愈力

快节奏的生活，使越来越多的人变得浮躁，对于他人的过失也总是揪住不放，一点点小事就会引发大的矛盾。他们遗忘了宽容所能带来的力量。海纳百川，有容乃大。对于男人而言，心胸开阔者便可坦然面对得失，对于身边的人和事都能宽容以待，最终成就一番事业。对于女人而言，宽容让她们变得温和善良，没有嫉妒，没有愤怒，收获的是一份幸福。

人生需要宽容，它没有任何风险，但回报却是无穷的。如果你总是锱铢必较，对他人的过错耿耿于怀，誓不罢休，那么对方也会永无饶恕之心。宽容不仅成全了他人，也放过了自己。倘若你因为他人的伤害而伤心、憎恨，那么，最后受到伤害、活在痛苦里的只有自己。宽容就是不计较他人的错误，对伤害自己的行为不记于心。失败了，宽容以对，终会走向成功；人生不如意，宽容会使你远离抱怨。

宽容是一种美德，一种境界，一种智慧、乐观的人生态度，你以什么样的态度对待生活，生活就会还你以什么样的人生。用坦然与包容之心面对一切，这才是人生最佳的生活态度。

有两个未成年人，因为一点小小的矛盾就大打出手，A 失手将 B 推倒在地，B 的后脑勺碰到硬物，年轻的生命结束了。A 自然也为此付出了惨痛的代价。B 是独子，他的离世让其父母一直耿耿于怀，尤其是 B 的母亲。她每天对着儿子的照片发呆，心中对 A 的恨意更浓烈了。A 的父母心中有愧，时常会去看他们，但 B 的父母沉浸在失去孩子的痛苦中，每次不是恶语相向，就是将 A 父母买来的营养品扔出去。B 的母亲说："要痛苦大家一起痛苦，我的儿子死了，你们都别想好过。"

随着 B 的离去，他的父母一下子苍老了很多，每天以泪洗面，身体也是每况愈下。心中的仇恨让他们开始拒绝与人接触，每天活在痛苦与怨恨中。不知道过了多少年，A 带着愧疚跪在 B 的父母面前。看到 A，B 的父母更加怨恨了，对 A 拳脚相加。A 打不还手，骂不还口，一有空就过来帮老两口做家务。所有的亲戚都劝老两口想开点，或许是被 A 的真诚打动了，他们对 A 的态度不似以前那般充满恶意了。他们知道，A 也不是故意的，而且为自己的错误付出了代价，这样的惩罚足够了。老两口试着用宽容的心对待 A，心境打开了，心情自然就好了，脸上有了笑容，身体也一天天好了起来。他们虽然失去了一个孩子，但同时也收获了一个孩子。

宽容能够让人忘记不好的东西，走出受伤的阴影，从痛苦中解脱出来，从而带给你全新的生活。就如故事中 B 的父母一样，如果没有宽容，他们的后半生都要在痛苦中度过。爱要比憎恨伟大，相比于惩罚，宽容则更具力量。

生活中需要我们用宽容之心对待的事情有很多。我们在日常交往过程中，不免与人产生矛盾与冲突，面对这样的情况，有些人会因无法容忍他人与自己意见相悖，便无法克制地发脾气，即便是再小的事也会让自己好几天不开心。本该平静的心情，因为斤斤计较而变得焦虑与愤怒，最根本的原因在于，他们缺少了宽容之心。

宽容会在无形中减轻人的压力与焦虑，犹如阳光般温暖了别人的心，自己也享受到了温暖。宽容让我们的人际关系变得简单且和睦，选择宽容，负面情绪就会悄然离开，使人的幸福感加强。

当你受到伤害时，宽容对治愈心理创伤非常有效，宽容者的心也会因此得到解脱。宽容体现出来的不仅仅是一个人的气度与胸怀，更是一个人坚强与豁然的表现。不懂得宽容待人，心理负担就会越来越重，反之，心境就会变得平和，血压会趋于正常，使心脏处于健康状态。

得饶人处且饶人，学会宽容，多站在对方的角度去想问题，或许就能一笑了之。试着去接纳、原谅那些曾经无法原谅的人和事，不要因别人的过错而折磨自己，不要让你的心灵被愤怒、报复、嫉妒所蒙蔽，宽恕别人即是善待自己。放下仇恨有时就如心脏撕裂般疼痛，但当你真的放下了，就如重生般，让你顿感酣畅淋漓。

宽容是一种难能可贵的品质，当你拥有了它，你就拥有了欢声笑语。一切不好的事物，会因为你的宽容而远离你。

第六章

别让压力影响你的健康

压力的积极性和消极性

总公司领导要来视察，周先生被安排给领导做简要报告。周先生的能力是大家有目共睹的，而且他也经常给客户做报告，且很完美。两天后，领导就要到公司了。周先生想尽力表现得更好，于是投入了十二分精力，他不断地提醒自己，不能出错，绝对不能出错。时间越来越近，周先生就越感到紧张。

他不停地喝水，想借此来缓解内心的紧张与不安。当领导坐在办公室时，平时口若悬河的周先生一下子变得结结巴巴，甚至还出现了忘词。结果，这成了他最难堪的一次报告，看着领导频频皱眉，周先生觉得自己太丢人了。会议结束，看着上司失望的样子，周先生的心中更加懊恼了。在接下来的日子里，平时神采奕奕的人变得无精打采，工作效率越来越低。

周先生的心理变化很多人都遇到过，因压力过大，不能正确看待压力，使自己陷入尴尬境地。其实，很多人都只是看到了压力的消极性。凡事都有两面性，压力也是如此。压力本身并没有好坏之分，主要是看你如何处理压力。同样一件事，可是不同的人去处理就会是完全不同的结果。比如，搬迁对于有些人来讲是浪费时间、劳心劳力，可是有些人却对搬迁充满期待，认为是件值得高兴的事。再比如，工作出错对于有些人来讲意味着丢人与害怕，而对于有些人来讲却意味着学习与进步。可以说，压力既是问题，同时也意味着机会。

人生不可能一帆风顺，如果事事如意，那便失去了生活的乐趣。一个人的生存意志是在不断磨砺中变得强大的，当你品尝了人生的酸甜苦辣，那么，你也就明白了生存的意义。

如今，都市化、快节奏的生活让很多人不敢停下脚步，只能不停地向前跑，脚步变得越来越匆忙。越来越多的人被压力所困扰，活得越来越累。过快的脚步使他们的痛苦无处宣泄，“压力山大”也成为很多人的口头禅。他们对压力避之唯恐不及，压力于他们来讲就是洪水猛兽，因为压力使他们产生了一系列的不良情绪，连同身体也出现大大小小的病症。压力让他们对生活怨声载道，对工作产生厌倦，人际关系也变得紧张。

遇到不顺心的事，每个人在情绪上都会有一定的波动，但有些人的情绪会很快消失，并不会构成心理疾病。如果伴随着恐惧与焦虑，且无处发泄，那么，就会增加心理疾病的发病率。凡事如果给自己的压力过大，或总是看到压力的消极性，那么事情往往会适得其反。比如说工作，明明准备得很充分，可是到了关键时刻就卡壳。

我们常说，没有压力就没有动力。其实，适当的压力可以使人保持良好的觉醒状态，使智力处于一个较高的水平，对于生活或工作中发生的事能更好地处理。

很多人或许都有这样的经历：上司交代了一项任务，并不时地督促你，此时你就会将压力转变为动力，你的大脑会快速运转，促使你更加认真、努力地完成任务。你会发现，最后所取得的结果出人意料，而你的潜力也得到了挖掘。

压力随时随地都会发生，面对同样的压力，有人轻松应对，不受影响；有人稍感不适，很快会调整过来；有人则深陷其中，被压力击垮。造成的结果天差地别，最主要的原因在于每个人的中介系统调节力。如认知系统：认知的不同，使每个人看待心理压力的态度也不同；社会支持系统：需要家人、朋友及社会的支持，否则，心理压力的调节就会受到不利影响；免疫系统：自身的免疫调节能力关系着压力调节。当你有了良好的身体，拥有多种心理支持，再加上对心理压力的正确认知，你就可以应对及调节心理压力了。

生活本就是由成功与失败组成，不变的生活是索然无味的。顺风顺水固然美好，但接受生活给予我们的磨炼未尝不是一种快乐。如果遇到一件事，使你产生了巨大的心理压力，此时不妨换个角度看问题，试着去寻找压力的积极性，始终让自己处于一个积极的心理状态。那么，压力所产生的不良影响就会被你慢慢弱化。

看到半瓶水，不要想着：真糟糕，只剩下半瓶了；而是换个面想：太好了，还有半瓶。面对压力，积极与消极完全取决于自己看待问题的态度。所以，能选择快乐时就不要悲观，能享受阳光时，就不是让自己活在黑暗里。

压力与疾病

压力的产生源于很多方面，如工作、环境、学习、家庭、疾病等。如今的社会竞争愈加激烈，人们在各个角色间转换，身心倍感压力，人的精神长期处于高度紧张与警觉状态，就会变得情绪激动、焦躁不安、思维混乱等，应激能力也会随之下降。人的身体在很大程度上受精神所影响，如果心理压力过大，就很容易从身体的各方面体现出来。

一管牙膏，在还没有拧开盖子的情况下，使其受到外力压迫，会出现什么情况？通常牙膏会攻击最薄弱的地方，如底部或是某个小缺口。现在，如果把自己看成是牙膏，你正承受着某种压力，精神与心理痛苦不堪，可是你不懂得用“放松”来使自己达到解脱，换句话说，就是你不愿拧开牙膏的盖子，而此时压力又急需一个突破口，那么，它就会如受到压迫的牙膏一样，侵蚀你身体最薄弱的地方，如你的免疫系统、神经系统等，从而产生疾病。

在日常生活中，有些压力很容易被我们忽视，可是我们却常常被那些日常小事搅得心烦意乱，进而引发“压力效应”。人的身体对于现实和想象很难区分，当一个人集中精力警惕一件即将可能发生的事情时，其身体会有相对应的反应。比如说，想象自己在一片花田里享受着和煦的春风，身体就会自然放松；当你回想自己某个受惊的画面时，神经与肌肉就会下意识地紧绷。

压力效应或深或浅，情感对其起到了很大的推动作用，当情绪被刻意压制时，很容易引发深层次的压力效应。比如，在很多时候，社会环境是我们无法改变的，如上下班时遭遇堵车；一连多天的阴雨天；邻里之间的争吵……这些我们只能忍耐。当因社会环境引起的不良情绪被强行压制下来，在我们的心理上会有一系列反应，如暴躁、焦虑、愤怒等，反映在行动上就会出现酗酒、坐立不安等，最终可能导致身体上的疾病，如头痛、失眠、溃疡、背痛等。

现代社会里，因工作压力大而心脏猝死的人不在少数，而从因心脏病死亡者的病例中发现，他们大多是死于周一，而且多数在上午 9 点左右。这多少可以表明，在日趋激烈的职场竞争中，工作压力成为心脏病发作的一大诱因。

李可是学播音与主持专业的，因形象好，被地方一家电视台看中，成了一名播音员。几年过去了，李可的事业可谓风生水起，可她却常常感到头痛。再后来，李可开始依赖安眠药才能入睡了。

李可喜欢户外运动，曾临时接替一位同事主持过旅游频道节目，这一体验让她终生难忘。她厌倦了面对冷冰冰的机器讲话，她觉得旅游主持更鲜活，对于酷爱户外运动的她来说，吸引力是巨大的。原本播音主持就是家人极力让李可选择的，她并不喜欢。而且压力很大，每天要背大量的信息才不至于在台前出错，出错的代价不仅是罚钱那么简单，对其形象也是一大损失。李可的精神每天都处于高度紧张之中。现在，她有了放弃工作的念头，可家人极力反对，而且她也担心好不容易经营的事业毁于一旦。于是，顶着压力，李可继续工作。她曾因不停地头痛住过两次院，可出院工作后，头痛还是没有得到缓解。

最终，李可辞职了。她先给自己放了一段时间的假，背着行囊走向世界各地。回来后，李可写了一份企划书，与电视台合作，她有了自己的栏目。因为是兴趣所致，李可全身心地投入工作，节目也慢慢打响了知名度。而李可的头痛病一直没再犯过。

当一个人长期处于高压之下，工作效率就会大大降低，再加上并非自己喜欢的工作，就更加心浮气躁，内心也会异常痛苦。

当然，压力并非只是来源于工作，比如生活中的一些变动，如居住环境的改变、离异等，都会让人在一定程度上感到压力。压力会使人产生惊慌、沉痛、无助等一系列不稳定的情感，进而影响肌肉及血管的运动，对肾上腺素等起到刺激作用，对消化及呼吸系统造成干扰，免疫力会急剧下降，疾病也就更容易入侵。

由压力所引起的疾病有很多，其主要病症，一是免疫系统降低，更容易被病毒入侵而患病，如流感。二是糖尿病。长期处于紧张或压抑状态，就会造成激素分泌紊乱，此时，人体会吸引大量糖分，致使血糖升高，当你的压力超出自身调节范围，就容易诱发糖尿病。三是心脑血管疾病。压力过大会使人体皮下脂肪大量且快速地被调动，这种生理反应看似很正常，可是却会使血脂不稳，进而诱发心脑血管疾病。同时，过度的压力，还会破坏消化系统，使受压者食欲不振，睡眠质量受到影响，这类人也更容易衰老。

另外，人的大脑长期处于过量使用中，就容易出现头痛、失眠等，这些都是你的大脑在提醒你，它已经处于过度疲劳状态，如不注意，会造成严重的后果，如精神失常等。

为了减轻压力对身体的伤害，我们应以积极的心态面对压力，学会释放压力，做自己情绪的主人。不超负荷工作，不要为生活中的一时不如意感到困惑，处理好复杂的人际关系。平时注意自我保健，保持良好的生活方式，保证充足的睡眠。每天适量运动，使人的不良情绪得到很好的发泄，压力也会随之排解。用积极的心态去面对压力，便可将压力对身体的伤害降到最低。

抗争还是放弃

有这样一则故事：有个人的一匹马不小心掉进了枯井，这个人想尽一切办法还是没有将马拉上来，马还在枯井里嘶吼着。没办法，那个人放弃了，他觉得反正这匹马的年龄也大了，这样大费周章救它也没必要。为避免枯井再带来麻烦，他决定将枯井填了。他找来了帮手，便开始铲土。这匹马似乎开始明白自己的处境了，一开始，它拼命哀号。可是没过多久，这匹马变得安静了。此时，人们将头探进去看，都为眼前的景象感到吃惊：这匹马抖落人们铲进去的泥土，然后站在泥土上面。就这样，它将人们铲进去的泥土悉数踩在了脚底下，直至上升到井口。

在人的一生中，难免如故事中的马一般，会陷入“枯井”中，随之而来的可能就是不断倒下来的“泥土”，如果想要走出“枯井”，就要像这匹马一样，学会抗争，将泥土踩下去。沉重的压力会把天才变得平庸，精神变得涣散，健康也会受到影响。只有勇敢向压力挑战，才能活得更轻松。

社会在不断进步，时代在不断变换，人们面临的危机也越来越多，相对的，压力也就越大。最初大学是很多人的梦想，认为考上大学是极为光彩、有出息的一件事。一张大学文凭意味着好工作、好未来。可如今呢？研究生、博士生比比皆是，高文凭、高学历已不能使我们高枕无忧了。

竞争无处不在，即便再简单的工作，也有很多人挤破脑袋想要得到。身处职场，越来越多的人因为缺乏竞争优势而失去了安全感。同时，忙碌的社会造就了一个时刻处于压力之中的环境，不管是工作、学习还是人际关系，无形中都被压力所影响，压力成了我们生活中避无可避的因素，就如呼吸一样。既然无法摆脱，那么，压力来临时，你是选择抗争还是放弃呢？

凡是人，都会面对即将到来的挫折，甚至死亡。对于命运与环境我们是无法选择的，可是，对待命运的态度却由自己决定。面对压力，常常听有人说："我已经没有任何期待了，生活没一点意义。"他们总是期盼着生活可以给予他们什么，却从未想过为生活做些什么努力。每个人所经历的，都是其人生需要完成的任务，你活着的真正价值就在于对这些事负责，即便其中有些事使你感到痛苦。你是选择放弃、逃避，还是抗争、面对，完全取决于你的内心。

犹太裔心理学家维克多·弗兰克曾说："一个人，什么都可以被剥夺，除了一样东西，那就是内心的自由——面对不可逆转的境遇，选择自己的态度与方式。"身处同样的环境，有人意志消沉，有人却站得更高，心灵的自由使他们足以应对各种各样的压力与磨难。压力面前，如果你过早放弃自己，放任不良的情绪影响自己，那么，你就会钻进消极的死胡同，直至头破血流。

不在沉默中爆发，就在沉默中死亡。放弃抵抗压力，你就会成为生活中待宰的羔羊，被压力所累，压力也不会随着你的放弃而消失。而对于压力抵抗者来讲，超强的自控能力让其极少感觉到压力，他们对于生活和工作都能积极投入，将生活及工作的改变视为挑战，对于问题的发生他们会给予正确的评价。比如，面对岗位的竞争失败，有些人就自怨自艾，认为上司不给自己机会，或者觉得自己能力不足，从而变得自卑、沮丧。反观自我控制能力强的人，他们会想，机会总会有的，失败了，最起码积累了经验。

面对外界压力，勇于抗争，保持乐观的心态，不断向前，才能突破重重阻碍，享受心灵的宁静。一粒种子，如果只是静静地躺在泥土里，那它终会腐烂，进而成就一方沃土；相反，如果承受泥土的压迫，奋力向上，最终迎接它的就将是阳光普照。

学会处理心理压力

人的一生总会遇到一些无奈与遗憾，有些事情一时让你无法面对，甚至没有给你选择的余地，有些人积极应对，努力适应环境，让自己做一个无忧无虑的人。而有些人，却常常被压力折磨得身心俱疲。

因为熬夜加班，珍妮睡过了头，一睁眼已经七点钟了。她急急忙忙起床梳洗，一旁的面包烤煳了，吃饭时舌头又被牛奶烫了，她低声地咒骂了一句，匆忙抓起车钥匙出门，心里还不时担心着上司的态度。

车子行驶在上班路上，离公司还有一段距离，却遭遇了堵车。她心烦地按着喇叭，与前面的车辆保持着不到一米的距离，同时在心里咒骂着其他司机。此时的珍妮，身体下意识地变得紧张，手紧紧地握着方向盘。

到公司时，珍妮还是迟到了。上司叫住珍妮，喋喋不休地数落着她，珍妮却什么也没听清，只看着上司的嘴在一张一合。珍妮的心情糟透了，回到办公室，把包包重重地摔在桌子上，碰到了下属刚刚给她倒的咖啡。看着桌子上溅了许多咖啡渍的重要文件，珍妮更加心烦了，可为了工作，她尽力压制着自己的情绪。

下午开会，珍妮完全不在状态，即便会议上有一个问题是针对她提出来的，她却仍然毫无反应，直到身旁的人轻轻推了她一下，她才反应过来。一场会议下来，让珍妮异常窘迫。回到办公室，看着堆积如山的文件，珍妮拍了一下脑门，长呼一口气，无奈地坐了下来。心想：看来今晚又要加夜班了。

人总会遇到来自各方面的压力，就如故事中的珍妮一样，工作的压力让她喘不过来气，进而形成了恶性循环，久而久之，身心都会受到损害。

《圣经》里说："不要为明日忧虑，让今天最快乐是第一步。"很多人的压力其实都是因为担心"未来"的事，想着：工作完不成被上司责骂怎么办？爱人不爱自己了怎么办？其实这些事未必都会发生，杞人忧天，只能使他们的心理压力越来越大。

当心理压力蓄积已久，就会有一种无力感，甚至产生自卑心理。随着压力的增加，一旦达到临界点，就会一触即发。人们发泄的方法有两种，即对外和对内。对外主要是将情绪牵扯到他人身上，因某件事迁怒于家人、朋友或同事。对内则是使自己陷入不良情绪中，进而变得焦虑、抑郁、痛苦……面对这样的情况，选择正确的宣泄方法显得尤为重要。

将某种不开心的情绪压抑在内心是极为不舒服的，此时，找一个倾诉对象未尝不是一件好事，倾诉的对象可以是家人、朋友，抑或是心理医生。当然，说出来并非一定可以将压力消除，但内心总会舒服一些，而且还能收获别人的安慰。

当你心情郁闷或感到紧张时，不妨找个安静的地方，喝喝茶，听听音乐。闻着茶香，心情会慢慢平静下来，使身心得到放松。压力有时就如搬运东西，刚开始的时候并不觉得什么，可是走几步就会感到手脚酸疼。此时，我们要做的就是放下东西，休息一下，这样我们才能将东西更快地运往目的地。所以，将压力放下，休息过后便可走得更远。

无论有多忙，每天的睡眠时间是要保证的，同时要注意改善膳食，使营养达到均衡；平时可以多阅读一些自己喜欢且有益的书籍，提升自身修为。当你的内心变得强大，被积极情绪所占据，那么，压力便无所遁形。

找出应对压力的方法很重要，学会减压，生活质量便可快速得到提升。缓解压力的方法有很多种，只要不使他人的利益受到损害，都可以尝试一下。

压力对不同类型人的影响

一个人因某件事感到压抑、痛苦的时候，就会采取多种应对措施，以减轻压力。一般来讲，一个人应对压力时所采取的方法就是其应对风格，其中有积极的也有消极的，或动态或静态，或有效或无效。

比如说，一个人为了完成某件事，而花大量的时间去努力克服困难，直至事情得到解决，这反映出来的就是积极一面。相反，你发现任务难度非常大，你给予的反应是不去做这件事，这就是消极应对。

当生活或工作使你感到压力时，如果你寻求倾诉或是帮助，积极应对，那么情况就会越来越好。可是，当你总是抱怨，自暴自弃，或者采用一些不健康的方式，如抽烟、酗酒等，来发泄自己的不良情绪，对于解决根本问题并没有帮助。不过，并非所有的压力通过积极应对就可以解决，比如，问题的症结出在别人身上，并非你所能控制，那么即便再努力也是没有用的，此时，就要通过改善情绪来减压。

在日常生活中，由于人的性格不同，对于压力的敏感度也不同，一般可以划分为这样几个类型。

第一类：做事总是热情高涨、动作迅速。这类人力求完美，总是一心多用，将时间安排得满满的，给予自己过高的要求，极强的进取心让他们总是对工作不满意，而且对周边的人也总是不放心，情绪波动较大，好胜心强。即便是休息，他们也很难让自己放松下来。这类人最容易感觉到压力，而且患病概率较高。

这一类型的人有较强的控制欲，可总是事与愿违。当事情失去控制时，他们就会愤怒，并产生敌意及一系列负面情绪，如抱怨、焦虑、恐惧等，最终疾病缠身。

对于这一类型的人来说，可试着放慢脚步，从最简单的事情中寻求快乐。在工作间隙让自己多休息，高兴于自己的每一个成就，即便是很小的成就。改善自己的急脾气，这样才能使自己对压力的敏感度降到最低。

第二类：做事不慌不忙，有忍耐力，给人一种与世无争的感觉。不能说这一类型的人没有进取心，相反，他们有追求，而且平和的心态使他们更容易成功，只是他们不那么急功近利，总是从容不迫。压力于他们来说只是生活的调剂品，对其生活本身并没有太大影响。

第三类：从表面看，这一类型的人没有明显的情绪起伏，他们将情绪隐藏在内心，行为上无原则地依附他人。无论是生活还是工作，他们都没有明确的目标，对任何事情都表示不确定，规避一切可能发生冲突的行为。这一类型的人面对压力，总是隐藏自己的真实感受，极力压抑自己的负面情绪。要改善这种情况，首先就要相信自己，对于干扰自己生活及工作的他人要求，要勇于说“不”，对于他人的帮助学着坦然接受，这是一种胸怀，也是一种自信。

抗压能力强的人，即便面对接二连三的压力事件也不会崩溃，而有些人就算压力水平很低也会使其精神受到极大创伤。在面对压力时，人格特征起到了极为重要的作用。保持乐观的心态，净化困难、失去所带来的不良情绪，给予自己积极的暗示，形成乐观思维，即便你忙得团团转，也不会觉得情绪紧张。

不同的性格导致不同的人生命运，而面对压力，情绪管理的好与坏，同样会导致人们身心状况的差异。如果压力使你感到痛苦，对生活无望，就要及时调整自己的心态，通过宣泄与转移等方式，疏通郁积在心中的不良情绪。

第七章

正视你的内心

用正确的心态看待自私

自私是基于个人利益需求所做出的行为及反应，它一般有合理自私与恶意自私之分。合理自私者一般反对损人利己，他们要求自身的利益，但常常愿意用一般道德标准所允许的正当手段来满足。而恶意的自私，常常伴随着贪婪、报复、狭隘等病态心理，抱有这类心理的人，大都会为了自身利益而做出一些损害他人利益的事情。

自私程度的不同，对人的影响也不同。如计较个人得失、有私心杂念、不讲公德等，属于较为轻微的自私，常会影响到一个人的自身形象，及其人际交往的质量。而严重的自私，如唯利是图、诬陷他人、为达目的不择手段、挑战社会底线铤而走险等，则不仅可能危及个人的生存，甚至会影响到社会的和谐与稳定。

自私接近于人的本能欲望。我们每个人都有自身需求，包括生理、精神、物质、社会资源等的需求，人之所以做出某种行为，大多是为了满足自身的某种需求。具有自私心理的人会不顾社会道德、规范以及法律法规的制约，无视社会历史条件要求及客观现实条件，只求得到自身利益。自私被掩藏于个人的需求结构之中，其心理活动也是较为深层次的。

因为自私隐藏极深，所以很多人都没有意识到它的存在与表现。比如，那些有自私行为的人，他们并不觉得自己的行为是自私的，反而心安理得地去侵占他人的利益。这也体现出了自私的病态心理。

有些人在进行自私行为时，常常会遭到谴责，比如："你这人怎么这么自私，没看到大家都……"从而引起公愤。可习惯已然养成，为了逃避这种责难，他们便开始口唱高调，故作姿态，或是背地里偷偷地占别人的便宜，将自私的本性隐藏在谎言与假象中。生活中就有这样一些人，明明是为了一己私利，却说成是工作需要；明明是损人利己，却说是替他人着想。他们会寻求各种手段来掩饰自己的自私行为，堂而皇之背后是其各种见不得光的谎言。

小叶比小唐早两年进公司，由于两人年纪相仿，于是，小唐被安排由小叶带着熟悉各类业务。小叶表面上教小唐，可是并没有将核心内容说出来。小叶自私地想，如果将全部内容教给她，自己就有可能被顶替丢掉工作。但小唐学习能力很强，仅仅三个月时间，小唐的能力就得到了上司的认可，而且多次在会议上提出的方案都被上司采纳了。此时，小叶有了危机感。她觉得小唐是自己带出来的，如果小唐超过了自己，那岂不是很没面子？于是，她开始处处刁难小唐，一些重要的提案，她故意不让小唐接触。

一次，上司让每个员工写一个提案。到了周一，同事们纷纷走进会议室，小叶最后一个起身，当她经过小唐的办公桌时，无意间看见了小唐落下的提案书。原来，小唐在整理时没注意，落了几页在办公桌上。此时，小叶私心顿起，她偷偷地将那几页纸收在了自己的抽屉里。小唐因为提案不完整挨了批评，但由于她的提案很有创意，于是上司让其将功补过。

而小叶却因为她的自私付出了代价。原来一位同事无意间看到了小叶的举动，事后，将这件事告诉了上司。小叶被辞退了。

人人都有私心，可是为了自己的私欲而损害他人利益，那就不可取了。那些自私自利的人因为从中得到了一点好处，久而久之，自私也成为他们走向极端个人主义的根源。在这个社会上，我们所痛恨的大多数事情都源于自私，而要想不被自私所扰，就要学会付出。赠人玫瑰，手有余香。的确，换个角度来看，赠予也是一种利己行为。在他人需要帮助时，真诚地帮扶一把，你会收获到助人之后的快乐感。受助者因你走出困境，而你的心灵也得到了净化。

自私是人的本性，既然无法彻底消除，那么，就要制约其膨胀发展。学会付出，多做利他行为。当你学会了付出，就会发现生活的美好，人生也会变得更加有意义。

自信，也要适可而止

自信是一个人行为的内动力，它能够驱使人积极地应对各种困难，对自身有积极的自我暗示。相反，没有自信的人遇到困难就会消极应对，变得优柔寡断，易受消极的心理暗示。

不过，对待任何事物都要把握好一个度，自信也是，要懂得适可而止。很多人将成功与自信联系在一起，的确，自信于成功者来说是必要的因素。可是，有一些人对自信的认识出现了偏差，以为只要有自信就可以成功，于是他们开始变得过度自信，尤其是在自己熟知的行业或专业上。过度自信的人总是固执己见，有一定的独断性，以自己的意愿为主，当环境发生变化，影响到原有计划时，他们由于过度自信，往往不愿意更改计划，甚至拒绝他人提出的善意的建议。

张先生刚从国外回来，就被一家大型企业高薪挖了过去，这让张先生一进公司就有了优越感，“海归”的身份总是让他有高人一等的感觉。张先生自信在他的带领下，他所在的部门一定能有更好的业绩。为了做出成绩，他从不关心那些小项目，总是想着做一个大项目，让上司及同事刮目相看。终于，他拿到了一个大项目，并做了详细的计划。他自信地与上司打保票，说这个项目一定会为公司带来前所未有的高利润。上司觉得这是张先生的强项，而且在国外他也做过类似的项目，就拍板同意了。

张先生的提案通过了，他自信满满地投入了工作。每次上司问他进展如何，他都很自信地说：“没问题，一切都在掌握中。”眼看离张先生说的最后期限要到了，可他一点成绩也没做出来。上司急了，过来质问他：“怎么回事，你不是打保票说这个项目肯定利润丰厚吗？利润呢？”此时，张先生依旧将头抬得高高地说：“这不能怪我，我确信这个项目有高额利润……”没等他说完，上司就气急败坏地说：“你确信？是谁给你这么大的自信？不要以为自己是从国外回来的就有多了不起，年轻人自信可以，可要是过了头是会害了你的。”

像张先生这种心理很多人都存有，尤其是在求职过程中，眼高于顶的人不在少数。有些人自以为在学校里学习成绩好，毕业于名牌大学，学的也是热门专业，于是就觉得自己可以有更多选择，可以去更好的公司上班，自信心爆棚，看不到自身的不足，而且对挫折不能进行正确的预估。有研究表明，面对挫折，过分自信的人更容易产生负面情绪，如沮丧、低落、懊悔等。而且，过分自信者会时常处于忧虑之中，因为他们要苦心经营自我形象，会过分害怕自己的公众或是个人形象受到威胁，因此他们有着极强的自我防御心理，这也在一定程度上降低了他们对于环境的适应能力。

其实，有很多时候人并非因为自身的劣势而跌倒，反倒是输在了自己的优势上。原因很简单，缺陷会时常提醒我们要注意，而优势会让我们得意忘形。很多人之所以失败就是因为自己的忘乎所以造成的。盲目自信，会给自己带来不可挽回的后果，比如说历史上有名的关云长，就是因为过分自信而害了自己。

每个人的内心对自身都有一个认可的标准，过高或过低都会影响一个人的实际行为，过低容易自卑，过高则造成自恋。现实生活中，常常会看到有些人在行走途中，见到能映出自己影像的东西就会习惯性地照一下，这就是最为普遍的自恋现象。其实，自恋并不是病，可是自恋过头就成了一种心理疾病，这是一种比较具有破坏性的负面性格。他们活在自己的世界里，总是自我感觉良好，自以为了不起。一帆风顺时，他们自鸣得意；一旦遭遇阻碍就会不堪一击，对现状感到失望、悲观，甚至产生轻生念头。

人无完人，一个人有优点，也一定有缺点。总是夸大优点，忽略缺点是不可取的，一叶障目会使你的自我自知出现偏颇。过度自信的人对于他人的观点往往很难接受，即便知道自己错了，在内心里也不断提醒自己并没有错，这样只会让自己在错误的道路上越走越远。因此，学着接受批评，并非让你对其完全服从，而是学着接受正确的观点，用这种方式改变以前“自我感觉良好”的心理。

如果说适度的自信使内心充满阳光，那么，过度自信就如一剂放在身边的毒药，随时会危害你的身心健康。因此，对自己的内心进行客观的评价非常重要。古人云：“吾日三省吾身”，“省”的是什么呢？主要是自己眼中的我（主观的我），别人眼中的我（客观的我）以及自己心中的我（理想的我），从多个“我”来全面认识自己，培养健全的意志品质，从而达到自我实现，使理想的自我和现实的自我统一。

不要活在虚荣的阴影里

古往今来，无论贫贱还是富贵者，都不乏虚荣之心，这是人们的一种很普遍的心理状态。每个人的内心或多或许都存在有虚荣心理，我们都希望自己在别人眼中是好的、成功的。小时候与小朋友们一起穿着花裙子，看谁的最好看，有人夸自己好看就会高兴好长时间，当被比下去了，就哭着喊着让父母买新衣服。这时，身边的人就会来一句：“这么小就开始虚荣了。”

小时候的自己或许还不知道虚荣的意思，只是一种单纯的心理表现。长大了，工作了，处处开始攀比，这个同学嫁得好，住上了别墅；那个同学创业成功，成了有钱人……于是，心中开始愤愤不平，让自己活得不开心。

虚荣心人人都有，相比之下，女人的虚荣心要比男人强。记得上学时学过莫泊桑的小说——《项链》，女主人公因为虚荣，向有钱的好友借了一条项链参加晚会，她由此成为晚会的焦点，虚荣心得到了大大的满足。可回家后发现项链不见了，不得已东拼西凑又买了一条项链送还女友。而她则过了10年艰辛的还债生活。

现实生活中，像这样的女人不在少数。虚荣的背后，往往是更深的自卑与心虚，可以说是较为深层次的心理缺陷。这种表面虚荣实则心虚的人，总会因这两种情绪而深受折磨。虚荣之下，目的没达到，他们会因不如意的现状而苦恼；目的达到了，却又害怕真相败露，看到别人嘲讽的目光。在这样的情况下，身体与心理受着双重的折磨，还有什么快乐可言?

虚荣心强的人认为“穷”是很没面子的，总是害怕别人说自己过于寒酸。因此，即便经济拮据，也会装得很有钱，花起钱来毫不手软。

小瑄参加工作两年，是标准的“月光族”，有时还会负债。其实，小瑄每个月的工资并不低，不过钱基本都用在了穿衣打扮上。这个周末，她与好友逛街，对一个名牌包包情有独钟，虽然她上个月刚买了一个包包，可还是毫不犹豫地刷了660元将其买下，随后她又买了一件名牌外套。看着好友羡慕的目光，小瑄有一种满足感。此时的她已经忘记了，这个月才刚刚开始，她卡里的钱已所剩无几。第二天上班，背着新买的包包，穿着新外套，小瑄游走于各个办公室。听到同事的赞美，小瑄就会眉飞色舞，如果同事的反应过于平淡，她就会不开心，还觉得别人是在嫉妒自己。

虽然说爱美之心人皆有之，但是，如果一味追求美而忘乎所以，不考虑自身实际情况，就会如小瑄一样，弄得自己一身债，就得不偿失了。久而久之，他人看你的眼光也会由羡慕变为嘲讽，你的形象就会成了爱显摆，盲目消费，打肿脸充胖子……

虚荣心作怪，有些人就会被“名”和“利”所驱动，在行为上夸大其词，之后可能就不得不用加倍的努力来偿还虚荣带来的“负债”，长此以往，就会造成严重的思想负担。如《项链》中的主人公一样，在偿还债务的过程中，她变得衰老，不顾形象，思想上的压力给她带来了无尽的痛苦。

虚荣心强的人目光都盯在“名”和“利”上面，就女人而言，很多人关注的永远是对方穿的衣服多少钱，佩戴的首饰是不是真品，然后根据对方行头的“价值”来说话。很多女人都是以虚荣来度过自己的人生的，比如，不停地买漂亮的衣服、首饰，以显示自己的财力；放弃爱自己却“寒酸”的恋人，选择不懂爱却“体面”的人结婚……虚荣心让他们变得只懂得享受，享受过后却是更多的烦恼。他们的一生注定碌碌无为，因为他们极少去关注人生的真正价值。人人向往美好的东西，但它并非生活的全部。

柏格森曾说：“虚荣心很难说是一种恶行，然而一切恶行都围绕虚荣心而生，都不过是满足虚荣心的手段。”虚荣心过于强烈，会使人产生较为可怕的动机，进而诱发严重的后果。

于某研究生毕业，在一家大型企业从事会计工作。于某出身农村，在这个村庄里大学生都难找到一个，更何况是研究生。作为村里唯一的研究生，于某有了高人一等的感觉，他的价值观也在悄然发生着变化。每年回到农村，他都会向村里人吹嘘，自己现在是管钱的，想怎么花就怎么花，还说领导非常重视他，把他当作重点培养对象，要让他出国深造……被于某这么一说，村里人都将他看成了大人物。此时，村里要修祠堂，可没有资金，村里人想到了于某。于某满口答应，还说这是小意思。

于某挪用了公司一笔款项，然后用自己的小聪明，私自改了账目。村里人看于某这么有能耐，于是，盖完了祠堂又说要建学校，建完了学校又说要修路……于某挪用的钱越来越多，最终被公司发现并报了案。虚荣心也使得于某面临着牢狱之灾。

如果一个人把握不好“虚荣”的度，就会让“虚”多过于“荣”，这种虚荣已经转化成了扭曲的自尊心。人人都有自尊心，但自尊心过剩，过于追求虚表，盲目攀比，就形成了不正常的心理状态，浪费时间去追求一些不切实际的东西，到头来一场空。

其实，虚荣也有正反两面性。虚荣的正面传递的信息就是：因为在意别人的看法，所以不断完善自己，使自己更加出色、自信。虚荣心用得正确也可以转换成进取心，即为了过上好的生活，让别人瞧得起，就必须努力工作。

虚荣本身并没有罪，可是，它却能激发一切恶源，这是一把双刃剑，如果利用得好，它就会成为你前行的动力，不时地鞭策你，让你不断完善自己。这一切都源于你的内心，调整好自己的心态，正视自己，不要忘记了生活的初衷。

没有后悔，心境自然平和

人的一生会面临很多选择，而在选择后感到了损失、失落，那就会产生后悔。很多人会因为“后悔”而产生一系列不良情绪，进而影响着人的行为。

在我们的身边，常常会听到这样的声音：“真后悔没早点……”“实在是后悔，当初如果……”其实，说这些后悔的话没有任何意义，什么也无法改变，而且后悔会让一个人的心理趋于不稳定的状态，使人产生挫败感，情绪低落，对任何事都失去信心。这种不良的情绪，会让你身边的朋友越来越少。

人生就是一场博弈，当做出了选择就很难更改。选择对了，固然开心、快乐，可是如果选择错了呢？大多数的人都无法做到宠辱不惊，他们会忍不住问自己：如果当初我选择另一条路，现在会是什么样呢？此时，各种后悔便涌上心头。这也是我们常常会听到周围的人叹息的原因。

小文与小章在上大学时相恋，毕业两年后，两人结婚了。他们也过了一段幸福快乐的婚姻生活，渐渐地，激情退去，婚姻被柴米油盐所取代，十指不沾阳春水的小文也开始学着做饭。小章因为工作忙，对小文的关心也少了。小文对于这样的生活越来越受不了了，看着自己日渐松弛的皮肤，小文的心里更不是滋味。她日渐开始为一些鸡毛蒜皮的小事和小章吵架。

一天，小文走在街上，偶遇曾经追求过自己的男同学。看着衣着考究，开着价值不菲的车的同学，小文恍如隔世。她甚至怀疑，眼前这个风度翩翩的男人，真的是那个曾经为追求自己而做过很多傻事的同学吗？两人寒暄了几句，就各自走了。

回到家里，因为小章说小文今天做的饭菜有点咸，两人再次争吵了起来。小文说："我现在真后悔嫁给了你，要是当初……"小文没继续说下去。可是，往后的日子里，小文都活在深深的后悔里，总想着，如果当初选择的是另一个追求者，说不定现在就住着豪宅，开着豪车……这样的情绪让小文变得日渐憔悴，她抱怨的事情也更多了，用小章的话说，就是鸡蛋里挑骨头。

两人的争吵越来越多，小文也经常把"后悔"挂在嘴边，最终两人的婚姻走到了尽头。

其实，不管对于感情还是生活，选择权都在自己手上，"值"与"不值"也取决于你的内心。人生就是一个不断选择的过程，既然选择了，就不要让自己在后悔里度过。即便自己所选择的与最初的想象相差甚远，也不要把时间浪费在无意义的后悔里。

有时，不作为也会让人产生后悔情绪，回过神来，会为自己错失良机而后悔。没有谁的人生是定性的，不确定性伴随着"好"与"不好"，有太多太多的"如果"困扰着我们，对我们的生活影响极大。

其实，后悔只不过是自己对于现状所产生的无力感罢了，而且将责任全都推到了"当初"。我们无法将时钟回拨，"如果"也只是心理上的自我安慰。当你沉浸在深深的悔恨中时，当下的时间也悄悄溜走了。

当一个人失去了改变局面的机会，那么，后悔就如慢性毒药，折磨着人的身心健康，阻碍着你重新投入生活。人处于后悔情绪时，会伴随着消极、自责，这便是初期抑郁的表现，长期被这种不良情绪所影响，就会造成内分泌及免疫系统功能障碍，从而让人变得精神不济、憔悴不堪。

当你失去了、错过了，可以想办法去弥补，用积极的心态去面对，争取未来。可是，如果你沉迷于失败中，自责于自己错误的选择，那么，你的明天也不过是昨天的重复罢了。

生活中也时常听到有人调侃：“谁有后悔药，倾家荡产我也买。”每个人的一生难免会遇到坎坷，都想有“后悔药”来使自己规避苦难，可是，可能吗？明知道不可能，那又何必纠结于“后悔”上呢？你的内心被“后悔”占据太多，那么你的痛苦也就越多。与其这样，还不如积极地想办法解决问题，使自己早日摆脱困境。当事与愿违时，你可以这样想：当时信息有限、时间过于紧迫、压力过大……进而做出了错误的抉择，这样想着，你的后悔就可能会适当减轻。

无论遇到了什么，做错了什么，都不要一味地后悔，已经发生的注定无法改变，要反过来想，只有做错了才会明白何为对，也只有历经苦难才会明白幸福的真正含义。

得与失的修炼

人生本就是不断追求的过程，在追求的过程中必定有得有失。年少时，我们总想着将自己的“行囊”装得满满的，却不懂得将一些没用的东西抛弃。久而久之，“行囊”越来越重，压得自己直不起腰来，也没有精力去享受美好的生活。人生要拿得起，也要放得下。拿得起是一种勇气，而放得下是一种肚量。要想着，得之我幸，失之我命，凡事莫强求。

人生有追求就会有放弃，那些活得快乐的人，他们不会为已经失去的而苦恼，还会主动放弃一些不必要的负担，轻松上阵，不会让欲望冲昏了头脑。反观那些内心消极的人，却总是看到自己失去的，活在失去的痛苦里，久久走不出来。他们的内心矛盾重重，越是想得到，就越是担心得不到，即便得到了，也时时担心会在不经意间又失去，进而使心灵背上沉重的包袱。

财富、爱情、事业……这些都是如此地吸引人，让人不愿轻易放弃，而且越是辛苦得来的，越无法承受失去的痛苦，到最后，只能是让自己越来越累。

诗琪是个无忧无虑，没事喜欢傻乐的女孩子。最近，她交了一个又高又帅的男朋友，身边的朋友们都很羡慕她。不过，或许是觉得自己太普通的缘故，诗琪在男朋友面前总有些许自卑。

于是，诗琪从一开始就加倍地对男朋友好。男朋友有个头疼脑热的，她甚至向公司请假为男朋友煲汤，无微不至地照顾他。男朋友有应酬，她会不停地打电话叮嘱其少喝酒。男朋友去外地出差，她会将男朋友需要用的东西细心地整理好。她太害怕失去他了。她以为不停地对男朋友好，就不会失去他。可她无悔的付出却换来了男朋友的背叛。她哭着求男朋友回到她的身边，可看着男朋友冷漠的脸，她知道自己彻底失去了他。

在失去男朋友的那段时间里，诗琪变得沉默寡言、憔悴不堪，连班都不上了。对她来说，失去男朋友等于失去了一切，她对生活也失去了信心。此时，她最好的朋友看不过去了，对她说："你看看你现在像什么样子，不就是失恋吗，有什么了不起的，谁没失恋过。还有，以前我不想说你，你看你交个男朋友，你变得还是你吗？你就像他的小女佣，忙前忙后，他还不领情。就这样的男朋友不要也罢。失去你，是他的损失。失去他，才是你的幸运。"

诗琪茫然地看着好友，好友接着说："他不爱你了，你们之间便再无可能，难道你还要在失去爱情后，再失去尊严吗？"

最后，诗琪被好友强行拉出家门，买了一堆风格迥异的衣服，又将诗琪留了10年的长发剪成了利落的短发，人看着也精神多了。看着镜子里完全不同的自己，诗琪似乎明白了：失去的就如过眼云烟，再痛苦也无济于事，最重要的是现在和未来。她发现，除了爱情，人生还有很多事情等着她去做。对着镜子里的自己笑了笑，她发现她又找回了恋爱前那个独立、自信、快乐的自己。

生命周而复始，危机也有可能成为转机，所以，失去何尝不是一种幸运呢？就如故事中的诗琪，在爱情里她失去了自我，失去爱情后再是意志消沉，失去了健康和快乐。好在有好友的及时提醒，她才不至于在"失去"的道路上越走越远。

当我们学会走路，学会奔跑，便渐渐失去了母亲的怀抱；当我们走出校园，变得独立，便失去了学生时代纯真的笑脸；当我们走入婚姻，有了伴侣，有了孩子，便失去了年少时的梦；当我们事业有成，有了金钱、地位，便失去了陪伴家人的时间……

人生就是如此，有所得，有所失，能否正确看待得失完全取决于自己的心态。换个角度看得失，凡事看淡一点，或许你会有更大的收获。

在人生的旅途中，你拿的东西越多，就会感到越吃力，使原本轻松的旅途变得沉重。试着放下一些包袱，你的旅途将会变得轻松，而你也会欣赏到更美丽的风景。得到与失去是相互的，失去了不要怨天尤人、自暴自弃，那样只会让自己失去更多。看淡得失，随着时光的打磨，你会练就沉静、淡然的内心。

修炼得与失，这是生活的哲学，失去了爱情，你也许会拥有真正的自我；失去了财富，你或许会收获真诚的友谊……有舍就有得，不要总是抓住一些不切实际的东西不放，心灵的包袱是会影响健康的，也会使你体会不到人生的真正乐趣。

请善待自己，不要在失去某样东西后，再让自己的内心倍受煎熬。

克服羞怯和社交紧张感

凡一是一家工厂的高级技术员，为人老实肯干，也很聪明，技术没得说，领导也多次想提拔他，但最终都没落实。原来，凡一总是给人一种“羞答答”的感觉，跟不熟悉的人说话常常觉得难为情，这在很大程度上影响了他在工作中的正常人际交往。

凡一小时候就很羞怯，家里来客人了，他不是躲在房间里不出来，就是躲在妈妈身后。上学后情况也没有改变，上课不敢举手回答问题，下课了同学们都有说有笑的，他总是低着头看书。凡一成绩很好，同学有时会请教他问题，但他总是很紧张，一紧张就很难表达清楚，慢慢地，同学也不再向他请教了。

凡一考上了重点大学，为了庆祝家里摆了几桌酒席。有亲戚说："凡一，你是今天的主角，上去说两句吧。"凡一连连摆手，脸色通红，半天才说："不要了，不要了。"说完又低下了头。对此，父母也是很无奈。

因为凡一总是羞于与人交往，于是父母就建议他进了工厂，做了技术工。原因就是，技术工很少与人打交道。在他的父母看来，凡一的羞怯是可以随着年龄的增长而有所改善的。可是，恰恰相反，工作后的凡一还是很少与人交往，而且较之以往情况更加严重。与凡一同龄的人都结婚生子或是有了固定的对象，但凡一还是形单影只。父母也托人给凡一介绍了女朋友，可都无疾而终，究其原因，都是对方觉得凡一不善言辞，太过于木讷。

多次相亲失败，使凡一越发胆怯，在公共场合他甚至不敢讲话，有一种无形的恐惧感困扰着他，他也知道这种情绪不好，想极力克制，他故意避开人群，逃开那些让他感到紧张的场合，可情况还是没有好转。

凡一因为严重的羞怯心理，已经引起了社交恐惧症，他不敢与人交往，有很大一部分原因是害怕说错话或做错事，在公众面前丢脸。其实，多数情况下，一个人表现得好与不好和他人是没有关系的，也没人会关心你做的事是否丢人，当你自己不觉得有什么时，别人就更不会放在心上。总是过分担心自己的言行会被人耻笑，长时间陷在羞怯的心理中，反而容易使你的缺点暴露出来，进而造成更为严重的心理负担。

日常生活中，常常会看到有些人，一说话就脸红、紧张，这就是羞怯心理在作怪。通常与陌生人相处时，或者置身在大庭广众之下，更容易产生羞怯感，这是一种正常的心理反应。杰罗姆·卡甘说："容易害羞的人往往性格内向，但性格内向的人却未必都会害羞。"害羞是一种普遍现象，也属于人的正常反应。换个角度来看，羞怯不一定就是坏事，羞怯的人通常更懂得体谅人，忠诚于爱情。尤其对女人而言，羞怯的模样更显得温柔。不过凡事要适度，如果羞怯过度，那就可能是有了心理障碍，它会阻碍你的人际关系的正常发展。

羞怯有先天性的，即生来做事就有一种胆怯心理，也有的是后天形成的。当一个人经常处于消极状态时，就会产生不好的心理暗示，羞怯即由此产生。但不管是先天性的还是后天形成的，通过有意识的训练，羞怯也并不是不可以克服。

对于羞怯的人，最重要的是要树立充分的自信心，明确自己的优势，凡事要相信自己一定可以做好，不要总是低着头说话，说话办事也不要总是躲在人后，更不要让自己的才能白白地埋没掉。

与人交往时，要养成昂首大步的习惯，径直迎着对方走过去；和别人对话时，不要回避对方的视线，拿出勇气，专心、大胆地看着对方。当对方说话时，学会适时地保持沉默，让自己有一个酝酿话语的过程，到开口时，要尽量声音洪亮，用一种从容不迫的语调表达自己的观点。经过多次的锻炼，你就自然会逐渐适应，成熟起来，说话办事就不会再那么紧张了。

也有一些人的羞怯并非紧张引起的，而是出于自身知识的匮乏，对于眼前发生的事知之甚少。比如说你不会游泳，第一次进入一个泳池中，你可能被淹到。可是当你深深地吸一口气跳进水里，尝试过这个新的体验以后，就会觉得虽然有那么一点让人畏惧，但是却让你得到了成长。同样，面对许多未知的东西，我们就要在平日多阅读，多学习，多体会，使自己的视野得到开阔。当你的阅历足够丰富，你也就越来越自信了，羞怯自然会远离你。

第八章

掌控内心的平衡

谦虚与骄傲

“谦虚使人进步，骄傲使人落后”“满招损，谦受益”……前人为我们留下了许多与谦虚、骄傲两者关联的名言，似乎都在说，只有谦虚处世，才能不断进步，才能越来越好。其实，无论是谦虚还是骄傲，只要把握好一个度，都能使人得到成长。

对于一个人来说，该谦虚的时候就谦虚，该骄傲的时候就骄傲，过分或不及，都可能会适得其反。谦虚是中国的传统美德，但过分谦虚就会使自己失去很多机会，人生不得志，而留下遗憾。

小郑就职于一家中型企业。受父母影响，小郑也是一个老实、谦逊的人，别人说什么他都笑脸相迎，人缘很好。可是，小郑最近却很苦恼，因为过分的谦逊让他在一个职位上一待就是五年，而那些比自己能力差的，或是比自己晚进公司的人个个都扶摇直上了。

原来，小郑过分谦虚的态度，总让上司觉得他欠缺一点管理者强硬的姿态。而且，最初上司有意提拔他时，他为表示虚心好学的态度，谦恭地对上司说：“谢谢您的厚爱，不过我还有很多要学习的地方，对于这个职位我想我暂时还不能胜任。”第一次错失了机会，小郑并没有觉得可惜。可是，当机会一次次擦肩而过时，小郑的心里开始不安了，对于自己也越来越没有自信了。

总觉得自己的能力还没达到，还有进步的空间，于是当机会来临时，便用“谦虚”来当作借口，这实则是一种逃避的表现。身处职场，适当地展现自己的才能，才有更多的成长空间。

谦虚的本意就是从中发现自己的不足，不断学习。成功者不可缺少的一个特质就是谦虚，这有利于其发现自身的不足，不断改进，直至成功。

一个人在面对他人的赞赏时，只要自己是当之无愧的，那么不妨大方地报以微笑，既表示了谢意，又体现了谦逊有礼的品格。如果不停后退，又是摆手又是摇头：“不要那样说……我……我只是……”结结巴巴什么也说不出来，这就显得有些矫揉造作了。谦虚也是要分场合、时间的，如果不分场合地一味谦虚，也可能会引发别人的反感。

从小不管是父母还是老师，都一再告诫我们：不可骄傲，骄傲会使人落后。的确，骄傲自满的人很难看到自身的缺点，在他们看来，自己是很了不起的。这样的心态蒙蔽了他们的眼睛，进而看不到事情的本质。无论是在生活还是工作中，不免会遇到各种各样的问题，当被问题所困扰时，你是选择仰起高傲的头放任不管，还是不懂装懂，使问题复杂化，抑或是虚心向他人求教？

亚明博士毕业后，被一家企业高薪聘请，成为这家企业学历最高的人，再加上他属于“空降兵”，这让亚明很是得意。看着办公室里埋头苦干却业绩平平的那些专科生、本科生们，他觉得自己前途不可限量。亚明走到哪里头都抬得高高的，觉得与这些同事没什么好聊的。有同事向他请教问题，他也总是拿腔拿调，为显示自己懂得多，还会故意说些难懂的专业术语。看着同事茫然不知所措的表情，亚明心情甚好，他骄傲地觉得自己是无所不能的。

公司开启了一个项目，亚明虽为博士，但实践经验毕竟少，有些地方不太明白。可他想自己可是个博士生，低声下气去求教那些专科生、本科生，实在太丢面子了。于是，拿了资料后便开始一个人琢磨。一周后，他拿着自己的报告洋洋得意地交到了上司手里。上司不客气地对他说："这是谁让你整理的？你怎么也不问一声，这些报告并没有什么实质性的意义，一个月前小李就做过调查了，你只要随便问他们一声就能了解，何必浪费时间再去做个报告？"

自信与骄傲不可混淆，两者所产生的效果是截然不同的。自信是正确地展示自己，把握好一个度，拿捏好分寸，既能展示自己的才华，又让人觉得自己所言非虚。这就需要一个人有自信的资本。如果你胸无点墨，拿来主义严重，吹嘘自己看了多少部名著，与多少作家都有交情。可是，当别人问起你相关问题时，你却支支吾吾说不出个所以然来，那便是吹牛了。而骄傲自大者总是高高在上，不把别人放在眼里，岂不知学无止境，没有谁是无所不能的，虚心向某个领域取得成功的人请教并不丢人，反而能使自己受益良多。

谦虚是一种美德，骄傲也未必就一定是坏事。凡事不要太过，保持内心平衡，就会使自己的幸福指数大大提高。天外有天，人外有人，时刻保持一颗适度谦虚的心，即便有挫折、有困难也能慢慢走出来；而适度骄傲，也是一种人生积极向上的动力，让你可以昂起头大步走向你追求的目标，“走自己的路，让别人去说吧”。

只有正确地看待谦虚与骄傲，你才能不断进步，懂得借助外力，开阔视野，使自己达到一定的高度。

对比与攀比

在日常生活中，有不少人总是有意或无意地拿自己与他人作比较。有些人因比较，觉察出自身不足而加倍努力，以达到最好的自己；而有些人则在比较中失去了自我及自信，攀比扰乱了他们的心情，打乱了他们正常的生活步调。

对比具有正反两面性。从正面来看，对比能够让人从比自己强的人身上发现值得自己学习的东西，进一步完善自己，对于自身发展是有帮助的。相反，如果不能客观地看待对比，在发现他人比自己强时，就反过头来埋怨自己，抱怨环境，觉得自己一无是处，认为环境对自己不公平。那就会偏离自己的人生轨道，在痛苦的道路上越走越远。

作为社会人，对比在所难免，有对比才能看到自身的不足，发现了差距才能有奋斗的动力，但对比要掌握好平衡，否则就会陷入攀比心理。现实生活中总有那么一些人，觊觎别人所拥有的，认为自己综合条件都比对方好，可命运却大不相同。当发现别人有自己却没有的时候，心理就开始不平衡了。尤其是看着曾经熟悉且不如自己的人，如今穿金戴银，开着豪车，住着大房子，此时，内心就开始蠢蠢欲动。对比可以，但不应该攀比。无原则的攀比只会让自己越来越没信心，越比较越没有精力，进而产生很深的自卑心理，在痛苦的深渊里受折磨。

聪明的人，他们不会盲目比较，即便比较也是与自己比较，每天进步一点。不理智的比较会使心理产生极大的波动，会使一个人变得愤愤不平，甚至产生不服气的心理，总会戴着有色眼镜去看别人，而忽略了自身需要学习的东西。

陈生经营着自己的店面，虽不算是大富大贵，但也小有成就，生活平静充实。一天接到电话，通知他参加同学聚会。有些同学数十年都没见过了，怀着重逢的喜悦与激动的心情，陈生来到了聚会地点。酒桌上，同学们有说有笑。陈生了解到，一位同学的生意做得很大，豪宅、名车、地位都有了，俨然一副成功者的派头。而有一些想攀关系的同学，席间对该同学也不乏恭维之态。陈生的心里开始有些不平衡了，他一直觉得自己算是个成功的人，来之前他甚至想过，以自己现在的成就很可能会成为聚会的焦点。可是，这一对比，他才觉得自己的成就不值一提。

聚会结束了，却对陈生产生了一系列的后续影响，看着苦心经营的店面，陈生没有了热情，整日唉声叹气。他想，那位成功的同学在学校时成绩总是倒数，凭什么比自己还成功？凭什么他能住别墅，而自己住的却还是百十平米的居民楼？自己只是开着上十万元的小车，而凭什么他就能开上百万的车？就算我再开十家分店也达不到他那样的财富，那奋斗还有什么意义呢？

妻子劝陈生想开点，对他说：“人各有命，我们现在的生活已经很好了，还有些人住着出租房呢。”可陈生根本听不进去，只是摇头叹息，无心经营店面，生意亏损严重。陈生更觉得自己一无是处，久而久之，心病越来越严重，直至一病不起。

陈生只是看到了同学成功后的风光，却没有考虑过其成功背后的艰辛与付出，总觉得自己哪方面都不如人，郁郁寡欢，到头来失去了事业，也失去了健康。由此可以看出，强烈的攀比心会使一个人面临巨大的精神压力，对自身能力产生极大的怀疑，在自我否定中一味沉迷，最终对身心产生极为不利的影响。

一个内心健康的人，在与他人作比较时必定是怀着接受的心态，他们所看到的都是别人的长处，并能够通过对比，找出自己的不足，取长补短，督促自己不断前行。

有这么一则小故事，有一个人因为没有鞋穿而伤心难过，直到他发现了一个连脚都没有的人，于是停止了哭泣，说："虽然我没有鞋穿，但至少我还有脚。"生活中，有很多人总是看到自己所没有的，而忽略了自己所拥有的。如果总是盯着自己没有而别人有的东西，是永远不会快乐的。

在这个世界上，每个人都是独一无二的，每个人有每个人的特点，有的人在某些方面天赋异禀，有的人在某些地方能力超强……多看看自己所拥有的，或许你会更幸福。

怀旧与伤感

最近关于青春的影片越来越多，刮起了一阵怀旧风，这似乎成了潮流，甚至是文化。俗语有云：衣不如新，人不如旧。现实生活中，人或多或少都存有怀旧心理，常常会从过去的记忆中寻求美好与安慰，这也是一种极为常见的心理现象，可谓是人之常情。

面对不如意的现状，或是正经历着不愉快的事，怀念旧时美好时光，可以使我们的心灵得到些许安慰。可是，如果过分执着于过去，就会形成病态的怀旧心理，而伴随出现多种不良情绪，如失落、抑郁、抱怨、自责等。

其实，怀旧也是一种逃避现实的表现，因为无法适应当下的生活或是环境，又不愿承认是由自己内心所引起的，便将责任推到了环境身上，因而进一步强化了怀旧心理。

很多人认为，只有老年人才会怀旧，其实不然。当我们打开电脑或手机，随时可以从网上或是朋友圈里看到一些关于过去的影子，如70年代的记忆、80后的回忆等，蔓延着各个年龄层的怀旧情绪。有心理专家指出，怀旧与年龄并无多大关系，而且，人本身就是矛盾综合体，一边追求新奇，一边不断怀旧，尤其是当一个人的内心产生冲突或是感到压力时，就会产生一种希望“时光倒退”的心理。比如说，有人喜欢收集儿时的玩具，有人对着过去的照片不停翻看，还有些人热衷于同学聚会，从大学、中学到小学都有，与其说他们在怀念过去的时光，不如说他们更加怀念那时的自己，以及那时的生活状态。换句话说，怀旧也是一种宣泄、情怀，是一种情感的表达。

对于很多人来说，第一次或是最早的经验是很重要的。我们都知道，每个人一生中要经历很多“第一次”，而这些“第一次”影响着我们今后的很多行为。比如说，很多人都有“初恋情结”，他们对于初恋无法忘怀，不管其过程是否美好，在之后的回忆中都会让人产生异样的感觉。这种感觉扎根于内心最深处，当某件事或某样东西触动了那根弦，这种感觉就会跳出来，使意识最深处的东西被激发出来。这也就是所谓的首因效应。

一个人在遭受挫折或打击之后，在时间的流逝中，痛苦的感觉会逐渐减弱，记忆深处多会留存一些美好的片断或是自己所希望的东西。通常一些人会在挫折中成长，他们会感激挫折造就了如今的自己，回忆过去，重构过程中会下意识地美化当时的过程。此时就会产生美化效应，异常怀念过去的人、过去的事。

我们常常会看到某个物件就想起某个人，听到某首老歌就想起某个场景，然后陷入深深的回忆中，这就是所谓的睹物思人、触景生情。在心理学上有个名词叫“记忆钩”，其会产生“记忆钩”效应，那些老物件总能勾起人们最深处的记忆。对于他们来讲，这些东西已不只是老物件那么简单，而是通往过去的介质，借助它们可以让人穿梭于过去与现在之间。

怀旧偏向于情感记忆，而人的情感又极为复杂，因此，怀旧所引发的情感既有正面的，比如愉快、感恩、满足等，同时也可能是负面的，如失落、伤感等。这种记忆的选择完全看自己的内心如何定义。怀旧往往容易使人变得伤感，悲春悯秋，让人忘记了前行。过于留恋过去，缅怀过去，就会变得不思进取，无所事事。当怀旧成为你沉重的精神羁绊时，不仅生活、工作受到影响，身体也会出现问题。因此，要适时调整心情，使怀旧多发挥其正面能量，借用过去来推动你现在的成长，而非活在过去，徒增伤感。

通过对往昔的回忆，可以使郁结于内心的某些情绪得到发泄，获得安慰，对于身心健康是有利的。可是，徘徊往昔，不愿走出，就如给心灵加了一把锁，无法感受到生活的美好。

人不能一直活在回忆里，积极面对现有的生活才是最重要的。当产生不良情绪时，要适时转移自己的注意力，通过阅读或是参加一些社会实践活动，学着接受新事物，丰富与充实自己的生活。

每一次回忆，其实都昭示着从懵懂走向理性的开始，过往有时会让人学会成长、变得成熟。一个人不可能将过去的记忆全部抹杀掉，而过去也终将成为历史，因此，活在现在才是最重要的。用平静的心去接纳过往，不要让自己活在回忆里，享受每一天，你的内心会更轻松。

刚好与最好

有一位公司老总，总想让公司拥有最强的创作团队，于是，他不停地寻觅人才，甚至高薪挖角，被他招至麾下的人在某些方面都具有超强的能力。他觉得只有团队达到最好，才能创造出绩效。当他察觉到哪个岗位上缺乏专攻人才时，就会为此焦虑不堪，总觉得因为这点缺失会让公司陷入困境。他总会毫不留情地开除他认为不认真工作的员工，再找他认为“最好”的人取而代之。

最近，他正苦恼于招聘一个高学历的文案专员。一位朋友跟他说：“你现在的文案专员挺不错的啊，为什么要换？”这位老总不屑一顾地说："她？还是算了吧，高中毕业，做事毛手毛脚的。"那位朋友又说："不会啊，上次我看她写的文案挺好啊，构思巧妙，看得出是有文字功底的。我觉得做你的文案专员刚刚好。"那位老总更是嗤之以鼻，说："一个连大学都没上过的人，文字功底能有多强？要不是看在朋友的面子上，这样的低学历，我招都不会招，降低了我公司的格调。我要打造一个最好、最强的公司。"

一年后，这位老总遇到了更大的难题，他花高薪招聘来的自认为最好的员工，不仅没有为公司创造任何利润，反倒让公司亏损严重。因为对公司运作的不了解，加之好高骛远，空有学历，却多是纸上谈兵。他们仅仅是为工作而工作，从未站在公司的角度考虑问题。这位老总也因此郁郁寡欢，他想：难道追求最好的不正确吗？网罗了这么多人才，即便只取其精华，那也是相当强大的团队啊，怎么就失败了呢？

现实生活中，和这位老总一样的人有很多，他们一味追求最好的，往往忽略掉了最适合自己的。就如那位文案专员，虽然只是高中毕业，但是她写的文案并不逊色，是"刚好"做这个工作的，如果换一个大学毕业的人，就能保证一定适合这个职位吗？

总是强调"最好"的人，都有一种求好心态，换句话说，就是过于追求完美。很多时候，影响他们心情的不是那点"刚好"，而是自己的内心无法忍受那点缺角。生活中有一点做得不够好，就会反复推翻，不仅自己累，与自己一起共事的人也会觉得累。

我们常说，没有最好，只有更好。人不能只活在自己的理想世界里，一味追求完美，事事要求达到"最好"，只会让心灵背上包袱。

有一位团队负责人，与队员熬了两个通宵，终于完成了一份相当重要的企划案。就在队员以为可以好好休息一下的时候，这位负责人却因为一个小小的问题就全盘否定了一切。负责人认为，这份企划案并非最好的，他不允许自己呈上去的企划案是有瑕疵的。最后，不断改进，不断推翻，所有人都为此身心俱疲。可负责人依然不依不饶，认为还是没有达到最好的效果。

其实，“最好”并不存在，它只不过是一种在内心营造出来的完美假象。一心想要做到尽善尽美，可到最后，往往会适得其反。内心过于苛求，无论是对自己还是他人，总是不切实际地追寻最好的，苦头吃尽，到最后才反应过来，因为那个不真实的“最好”，而失去了很多获得快乐或是成功的机会。

拿爱情来讲，有谁能说出“最好”的标准呢？有些人在寻觅爱情的道路上，总想找到“最好”的，于是，一路找，一路观望，总觉得最好的还在后面，到最后只有两种结局，要么什么也得不到，要么委屈将就。

人需要有追求，有追求才有进步，人生才有前进的动力。同时，不要纠结于一点小错误，有缺憾才有进步的空间，有些错误甚至是有益的，在错误中可以发现事物的真正价值。如果过分追求“最好”，过于不满足，就容易否定自己的一切，总认为自己没有达到最好的状态。在不断的反省中，便会对自己越发感到不满意，慢慢地，让自己看不到希望，自信全无。

平衡好内心的那杆秤，为自己制定现实且客观的目标，让自己在一个个“小目标”实现的激励中前行，不要因苛求“最好”而扼杀了你的创造。学着接受“刚刚好”，未尝不是一件好事。

休闲与空虚

如今，我们的生活越来越好，但幸福指数却似乎越来越低，大部分的生活都是围绕着上班、下班，就算业余时间被看电影、聚会、唱歌等娱乐活动塞得满满的，可仍然无法缓解内心的空虚感。

“空虚”困扰着时下越来越多的人。以前总认为，空虚感多出现在老年人的世界里，他们会因为百无聊赖而感到空虚。现在看来，年轻人的空虚感则更强烈，影响也更深远。

当一个人的精神世界一片荒芜时，即便拥有惊人的财富，他们也不会感到快乐。他们的人生因为缺少了信仰、寄托，而转身去寻找各种刺激，试图从刺激中寻求一点安慰。近几年，新闻报道中经常曝出某些知名人士因吸毒被抓的事件，其中有正处于事业顶峰的人，也有处于事业下坡期的人。大多数人给出的理由就是压力大，或是为了寻找灵感。其实，这也是一种精神空虚的表现，他们或者是事业遇到了瓶颈，或者是所取得的成就已无法满足自己的欲望，对生活感到压抑，进而人生变得毫无方向，今日不知明日事，便采用放纵的方式来缓解内心的不安。

没有谁的人生可以轻轻松松地度过，劳累不可避免，不管是主动追求的或是生活所迫都是如此。对于一个人来说，身体上的累是可以接受的，那代表着充实。可如果心累了，整个人的精神也就垮了，精神的空虚会将一个人折磨得食之无味，对什么事都提不起兴趣。这也就是为何有些人越玩越空虚的原因。

人类的所有需求中，生理及物质的需求是较容易满足的，但社会及精神需求的获取则有些困难。这是个财富时代，每个人都在为怎么赚取更多的钱财而努力，但要知道，钱财与钱财所创造的快乐并不能画等号。钱财聚集到一定程度，金钱对于人们来讲就只是个数字罢了，那种最初的新鲜感与满足感会日渐消退，甚至产生麻木感。

此时，人生就没有了以往追求的动力，对于未来人生的不确定性，让他们觉得生活越发无聊。往后的生活中，要么精神不济，无聊度日；要么寻求新鲜且强烈的刺激。可是，刺激过后又会被无尽的空虚感所包围。

社会带给个人的影响有积极的一面，也有消极的一面。我们不能只看到消极面，那样容易使你因失望而萎靡不振。可以通过学习提高自己的认知能力，正视社会的两面性，适当培养一些正面的兴趣爱好去丰富空乏的内心，以达到休闲放松、修身养性的目的。

在中国民间传统文化中，有许多精华的休闲产物，比如，养鸟、观鱼、垂钓、猜谜、啜茗、绘画、书法等，通过这些休闲活动，可以驱逐精神的劳顿，安抚疲惫的心，或者得到一次精神的解脱，或者促进一次精神的升华。休闲表现为时间意义上的空闲，但它绝不是空虚，不是无所事事，无所用心。相反，一个人在休闲时更能体现出个性和志向。享受悠闲的生活是不需要金钱的，那些轻视钱财的人或许才真正懂得此中的乐趣。

要想真正走出空虚，最重要的是明白生存的意义。人生在于奉献，与人为善，精神及心灵就会得到升华。

羡慕与妒忌

“当看到同事被上司表扬时我心里就很不痛快，当看到业绩栏上同事的业绩高出我一大截，我就心生羡慕，总想着自己什么时候才能达到这样的高度，越想心里就越不平衡。尤其是月底的时候，同事的业绩还在攀升，而我仍在原地踏步，我就惶恐不安，甚至有些恨那些同事。有一次经理助理通知开会，那位业绩好的同事刚好不在，于是，我故意将开会时间说错，导致那位同事开会迟到了。看到同事被上司训斥，我暗自窃喜，可是事后我又十分懊悔。”

这是一个员工刚入职场时的内心独白。其实，他的这种心理很多人都有，只不过他将羡慕转为了妒忌，进而做出了破坏性的事，如果不加以改善，可能将引发更多的消极情绪。

现在，很多人都有在空间或朋友圈晒幸福的习惯，比如说今天去哪儿玩了，又买了什么奢侈品，去哪家高档餐厅吃饭了……当我们随时随地看到朋友发的一些丰富多彩的生活照，然后再对比自己的生活，可能就会产生羡慕心理。这种情绪的产生，多少会使你的心灵受到困扰，总想着要是自己也能过上这样的生活就好了。而过度羡慕别人的生活，只会让自己平静的生活变得混乱，久而久之就会失去自我。

办公室里，同事们又听到了小白的分手宣言，这已经是她的第五任男朋友了，大家也都习以为常了。小白失恋的原因，主要归结于她的内心。她总是说这任男朋友没有某某的男朋友帅；上任男朋友没有某某的男朋友有涵养；上上一任男朋友没有某某的男朋友有钱……交了男朋友之后，小白总是不自觉地将羡慕的目光投向别人，而且总是挑男朋友不如人的地方，继而走进无休止的羡慕当中，甚至开始妒忌，总是抱怨别人的命比自己好。

反观与小白同龄的小雪，她也会羡慕别人所拥有的，但并不会让自己的生活受到影响。男朋友长得不帅，但一心一意对小雪；男朋友只是一家中型企业的小职员，但工作勤勤恳恳，很得上司重用；男朋友没钱买房，但他将存款都给了小雪……她与男朋友感情稳定，即将走入婚姻的殿堂。朋友们也都说小雪有福气，交到了这么好的男朋友。

当看到别人有而自己没有时，人们一般就会产生羡慕心理。适度的羡慕可以激发一个人的斗志，让自己为了“获得”而更加努力。可是因为羡慕而放弃了原有的追求，甚至没了自信，那就得不偿失了。很多人常常会受到他人生活及模式的影响，使自己的内心无法安宁，进而消极、迷失自我；再进一步，当过度的羡慕演变成妒忌时，就会扩大一个人内心的阴暗面，难以容忍快乐、幸福，甚至会破坏掉一些美好的事物。

俗话说：“别人拥有再多再好，那也是别人的。”别人的成功并不代表着成功名额已满，你依然可以通过自身的努力获得成功。因此，不要拿自己的短处去和他人的长处比较，要用“我拥有……”时刻提醒自己，而非一直惦记着“我想要……”，因为暂时未得到的东西而妒火中烧更是不值得的。

其实，你在羡慕别人的时候，自己又何尝不是被他人羡慕着。从容不迫地过好自己的生活，只要心平静了，那么，谁又会在乎是失去的多，还是得到的多呢？执念，放下，便是快乐。

第九章

做自己情绪的主人

情绪是健康的指挥棒

情绪与健康有着密切的联系，长期处于不良的情绪中，如愤怒、焦虑、压抑……就容易患上高血压、冠心病、胃病、癌症等。这类病叫心因性疾病，就是由心引发的疾病。

有位医学家曾做过一个实验，进一步验证了情绪与健康的关系。他将两只羊分别关在不同的地方，其他条件都相同，唯一不同的是在其中一只羊不远处圈着一头狼。一段时间后，与狼为邻的羊因为长期处于高度紧张中，吃不好，睡不好，变得骨瘦如柴，没一点精神。而另一只羊则吃得好睡得好，好端端地活着。由此可见，情绪对精神活动的影响力有多大。

对一个人来说，心情愉悦不一定身体就健康，可心情长期处于郁闷中，则肯定会影响到身体健康。有些人经常因为一点小事，就能使他们的情绪大起大落，情绪激动时，什么也不管不顾，有时连自己都不知道自己说了什么、做了什么，完全让情绪主宰了个人的行为。

小斌和小武同时进入公司，两人能力相当，可论人际交往，小斌就要比小武强多了。小斌总是笑脸迎人，反观小武，却总是一副拒人于千里之外的样子，而且像个炸弹，一点就爆。与他合作过的同事说："我和他合作之初挺好的，可因为我一个不起眼的错误，他就大动肝火，说我连这点小事都做不好，然后气呼呼地拍桌子，不分场合，一点面子都不留。"

另一位同事则说："他这人不好相处，有时一句再简单不过的玩笑话，他也会动怒。"

为此小武也很苦恼，他也觉得自己脾气不好，而且，最近总是胃痛难忍，上医院检查，开了药，医生也叮嘱他情绪波动不要太大。他想极力控制自己的情绪，可是觉得太难了。上司批评他，他感到委屈，一着急就会口无遮拦，继而产生一系列的不良反应。

工作效率低——情绪不好——头疼、胃疼，形成了恶性循环。而且，他把这种不好的情绪带到了家里，回到家，听到三岁的女儿哭闹，他上来就是一顿痛骂，家庭也被他搅得一团乱。

再看小斌，在同事眼里他的脾气很好，即便被上司批评，也能以最快的速度调整好自己的情绪，继续投入到工作中，且工作效率也不会受到影响。闲暇时与家人散步郊外，其乐融融。

良好的情绪不仅能够促进家庭和谐，最重要的是有益身心健康。而不良的情绪则刚好相反。其实，不好的事情每天都会发生，关键在于你以什么样的心态去看待。人的心情会随着周遭事物的发生、发展而改变，有欣喜，有悲伤，有激动，有愤怒……如果不懂得控制自己的情绪，大起大落间，很容易带来身体的疾病。

那么，究竟哪些情绪对健康有影响，影响有多大呢？

第一种，喜。当所期望的目的达到时，人就会出现高兴的情绪反应，最明显的面部表情就是笑。人在笑的时候，心脏血搏输出量会因此增加，利于血液循环，脸色佳，所呈现的精神面貌也极佳。不过，要谨记，过分高兴也会导致疾病，所谓的乐极生悲就是这个道理。

第二种，怒。当所期望的目的受到阻碍，没有达到时，人的精神就会变得紧张，最后产生愤怒情绪。长期处在愤怒情绪下，生理指标就会发生改变，身体疾病因此产生。

第三种，哀。当失去某件有价值或是一直追寻的东西时，就会引发悲哀情绪，这种情绪也是逐渐加强的，从一开始的遗憾，到失望，再到难过、伤心……或许大哭一场可以释放不良情绪，如果强忍不发，任其发展下去，将会对身心不利。

第四种，惧。产生这种情绪，多是由于对所面临的情境无能为力，想要尽快摆脱这种可怕的情境。这种情绪多会令人猝不及防，严重者会造成精神抑郁甚至失常。

人的身心健康与情绪密不可分，对于每个人而言，保持良好情绪，使身心愉悦，控制好各种情绪的强度与时间，是非常重要的。

每个人都会有一些消极的情绪，但可怕的是将这些消极的情绪转嫁到别人身上，这样会让我们的生活环境越来越糟。比如，别人不小心撞了你一下，你便勃然大怒，双方开始争执，面红耳赤，甚至动起手来。究其原因，就是你觉得这是别人的错误，此时的你情绪受别人所控制。也就是说，别人对你和善，你就对别人和善；如果别人让你不痛快，你就让别人也不过好，结果只能是伤人伤己。

当人的感情偏于感性时，就容易变得情绪化，外部环境的一点风吹草动都有可能引起人的情绪变化。所以，要多多控制自己的感性思维，让感性与理性并存。凡事保持一颗平常心，宠辱不惊，看庭前花开花落；去留无意，望天空云卷云舒。情绪就像是健康的指挥棒，当你掌控了自己的情绪，那么，你也就掌控了自己的健康。

内疚产生消极“毒素”

从某种意义上来说，内疚是一种自我心理惩罚，严重者会引起自我轻视及厌恶，随后还会伴随着更多的不良情绪，如急躁、紧张、自责等。通常来讲，经常感到内疚的人会过于在意他人的感受，这并非是一种“博爱”，而是一种没有自我的情绪反应。比如说，一个人因为拒绝另一个人的请求，内疚感就会油然而生。因为他总是会下意识去想被拒绝者的感受，就如同自己被拒绝，随着这种感受的加深，内疚感也会越来越重。

内疚是一种带着负面情绪及错误认知的痛苦感受，是人类基本情绪中的一种。当过于沉浸在内疚中时，就会引发自罪感。

“苏苏，你都是公司的老员工了，怎么还犯这么低级的错误，你让我说你什么好呢？这个月的奖金别想要了，出去吧。”办公室里传来一阵训斥声，不一会儿，一个面容平和的女子走了出来。

“苏苏，还好吧？挨骂了？”与之交好的同事跑过来小声说。

“能不挨骂吗？那么明显的错误。”另一位同事也走过来，面露同情。

“你怎么那么笨呢，明明不是你的错，把错误推到小沐身上不就行了，白白让自己挨骂。”又一位同事愤愤不平地说。

“大家还是好好工作吧，我没事，别一会儿让经理看到又要骂人了。”苏苏笑着说。

“苏姐，对不起，是我让你挨骂了，要不我去跟经理说吧。”叫小沐的女孩低着头，内疚地说。

“小沐，不要放在心上，只是小事，赶快去工作吧。”苏苏拍拍她的肩膀准备去工作。

“苏姐，真的对不起，如果我……”小沐还想辩解着什么。

“小沐，真的没关系，以后多注意就行了。”苏苏说完转身走了。

看着苏苏的背影，小沐更加内疚了，心里一直不停地责骂自己，要不是自己的原因，苏姐也不会挨骂。即便苏姐已经说了没关系，但小沐还是自责不已。因为内疚，小沐变得沉默寡言了，更不敢与同事多说话，总担心因为自己的过错而连累别人。在极大的心理压力下，小沐的工作效率也越来越低，没多久就辞职了。

产生内疚就是从心理上承认自己不够好，长期处于内疚中，就会产生自卑。就如故事中的小沐一样，内疚让她背负了沉重的心理负担，进而做任何事都束手束脚，身心受到双重折磨。

还有一些人，因为某些原因无法陪在父母身边，总想着时间还多，于是，回家的日期一推再推，而回到家里也是忙着与儿时玩伴聚会，很少陪父母。当父母因疾病或是意外离世时，他们就会陷入深深的内疚中，对生活及工作都提不起劲头来。

人的一生中，会遇到很多我们无法改变的事，尤其是已经结束了的事，如果因为没有达到预期效果就活在内疚里，你就会一直不开心下去，这是一种极为消极的情绪反应。事情已经发生了，就要采取积极的解决方法，虽然说每个人都要有承担责任的勇气，但也不要把所有罪责都归于自己。这并非自私或是推卸责任，而是避免让人在不必要的事情上浪费时间与精力。而且，即便真的是你的罪责，你“应该”承担起全责，也要明白，内疚是最没用的解决方法，对事情没有任何帮助，反而会使坏的结果更坏。长期带着内疚感，会让一个人的身心倍受煎熬。

对于一个成功者来讲，他们绝不会将时间浪费在内疚上，因为，内疚会让心理染上毒素，阻碍人前行的脚步。与其因为内疚而自怨自艾，不如想办法补救，或是总结经验，避免犯同样的错误。

内疚者心里常出现的一个词就是“如果”，可这个“如果”是永远也不会出现的，因此，不要用内疚来麻痹自己，那只会让自己更加痛苦。谁都不喜难犯错，但错误又在所难免，适时原谅自己，坦然接受无伤大雅的错误，也是一种智慧。

放松紧张的情绪

快节奏的生活，使越来越多的人处于精神高度紧张中，随着压力的增大，紧张情绪也越来越强烈，甚者会严重影响到正常的生活和工作。

一般来讲，紧张程度可分为强、中、弱三种。当人的精神处于适度紧张时，是一种正常的情绪反应，对于解决问题也有一定帮助。相反，如果精神高度紧张，不仅对问题的解决毫无帮助，而且，长期处于高度紧张的状态，极易变得消沉、悲观、封闭、易怒等，这种心理状态也会引发一系列的心理疾病。

吴为在公司已经有 10 年了，他虽然平时工作有些懒散，但工作态度很认真。一天，他听到消息说，公司要裁员，心里一下子紧张了起来。看着公司里比自己年龄小的同事干劲十足，而比自己年龄大的，能力又都比自己强，吴为感到了深深的危机感，他开始想今后的生活该怎么过，孩子上补习班的钱从哪里出，妻子管他要生活费怎么办………

这一系列问题让吴为无心工作，每天紧张兮兮的。这种紧张的情绪持续了一个月，他实在忍受不了这种精神折磨，于是在一天下班后，他拦下领导，问领导是不是要将他裁掉。领导被问得一头雾水。原来，公司并没有要裁员的意思。吴为心中的一块大石头终于放下了，看什么也顺眼多了。

很多时候，紧张情绪其实都是自己制造出来的，因为人的思维长久停留在了某件让自己担心的事情上。如果这种紧张的情绪长期得不到缓解，就会形成焦虑，影响一个人的生活质量。

紧张情绪会时不时地出现在人们的生活中，无法避免，那么，就要想办法使其得到缓解，放松紧张的情绪。生活中有些人做任何事都力求完美，凡事都要争个先后，于是总觉得时间不够用，做什么事都是匆匆忙忙的。因此，精神也处于高度紧张中。这时候就要提醒自己，每个人的能力都是有限的，凡事不可强求，不要将他人的看法看得太重，这样紧绷的神经就会得到放松。试着将过快的节奏调慢一点，该玩的时候就一心一意玩，该工作的时候就认真对待，合理安排自己的时间，便不会因为觉得时间紧迫而精神紧张了。

平时在与人相处中，要用真诚的态度对待。总是紧张别人会认为自己“不怀好意”，想着别人会不会在背后议论自己，不但会使他人感到厌烦，自己也会产生不安全感。当你真诚地对待他人时，就会发现，一切并没有自己想的那么复杂。

当紧张的情绪反应已经出现时，就要坦然面对和接受自己的紧张，不要让这种情绪完全控制住你，劳逸结合，心境平和地对待身边的人和事，便自然可使紧张的情绪得到放松。

将抱怨转化为行动力

当一个人产生消极的情绪时，通常抱怨就会随之而来。从心理学的角度分析，抱怨与一个人个性中的完美主义有很大关系。

喜欢抱怨的人，当他们遇到不顺心的事，极少对自身进行反省，反而会将责任全部归结到环境或是他人身上。比如，抱怨爱人不够体贴；老板太难相处；工资太低；生活没乐趣……

当抱怨达到一定程度，就有可能产生病态心理，随之而来的是一系列的不良身体症状，如焦躁、失眠等。抱怨就如慢性毒药，一点点地侵蚀着人的大脑，对一个人的生活态度影响极大。在抱怨声中，人的意志被消磨，精神涣散，越来越找不到心灵的归宿。

抱怨让人对任何事都不满意，就算有人出于真心的关心，他们也会抱怨，说其不够诚挚。当遇到挫折时，他们不是检讨自己，而是反过来抱怨命运的不公，抱怨使他们看不到事情的本质，对什么都看不顺眼。

老李今年 60 岁了，儿孙满堂，可是他却一直不开心，身体上的病痛也越来越严重。家人建议他去看了心理医生。心理医生静静地听着老李的唠叨：

“医生，你不知道，我这些病其实一多半都是给气出来的。你看，我老伴去世得早，我有个小病小痛，身边也没有个关心体贴的人。我那些孩子，提起他们我就生气。我既当爹又当妈把他们拉扯大，一个个都跑得远远的，回趟家都不容易。就算回来了也住不了几天就走了，说他们两句还给我脸色看。还有那些小孙子，个个跟小霸王似的，一句重话说不得。我以前好歹是个小领导，现在退下来，可谓是人走茶凉，一个看望的人都没有……”

老李满腹牢骚，对周遭所有的事都看不顺眼。心理医生对他进行了及时疏导，爱抱怨的老李也明白了，不良的心理情绪会带来疾病，牢骚会使病情加重。于是，他不再每天抱怨了，开始去参加一些社交活动，与以前的老同事一起下下棋，听听曲……对于子女，他也给予了充分理解。抱怨少了，那些没由来的病痛自然就没有了。

人生之途，荆棘丛生，偶有抱怨是正常的。抱怨也是宣泄情绪的一种方式。生活中有很多事情是我们无力改变的，痛苦对于一个人的影响，完全取决于你将痛苦放在哪个位置。当你遭遇不顺心的事，不要只想着抱怨，打开心扉，化抱怨为行动力，不断充实自己，那痛苦于你就没有多大影响了。

美国著名心理学家赛利格曼，有一天与五岁的女儿尼奇在园子里播种。赛利格曼平时很忙，有许多工作要做，所以一心想着快一点干完。尼奇却手舞足蹈，将种子抛向天空。赛利格曼叫她不要乱来，女儿却跑过来对他说："爸爸，我能与你谈谈吗？""当然。"他回答说。"爸爸，你还记得我五岁生日吗？我从三岁到五岁一直都在抱怨，每天说这个不好那个不好，当我长到五岁时，我决定不再抱怨了。如果我不抱怨了，你可以不再那样经常郁闷吗？"

赛利格曼的内心深受震动，他认识到，五岁的尼奇，为了照顾父亲的情绪，竟然自己矫正了自己的抱怨。而他过去的 50 年都在阴暗的气氛中生活，内心有许多不高兴的情绪，也免不了常常抱怨。从那天开始，他决定让心灵充满阳光，让积极的情绪占据心灵的主导。后来，赛利格曼将这种关心人的优秀品质和美好心灵的心理学，定位为积极心理学，而他也因此获得了"积极心理学之父"的称号。

每个人都应当接受不可改变的事，专注于可以改变的事情。抱怨不会让你更聪明，也不会使你更强大，日复一日的抱怨，只会让人陷入深深的痛苦与烦恼中无法自拔，身体与精神受到双重煎熬。

睿智的人，会把人生的不如意看成是成长的动力，把轻度挫折看成是"精神补品"，他们知道抱怨无益，而把精力转移到改变现状上，凡事心有所想，必定身体力行。当战胜了一个又一个挫折的时候，你就会变得越来越强大。

不生闷气，自我解脱

一个人生闷气，多半是因为接受不了对方的一些做法，或者对方没有达到自己的要求。一般来说，性格开朗的人，火发完了也就完了，不会再独自一人生闷气。可是有些人心情不好时，常会闷在心里，这就有可能埋下隐患，导致更严重的后果。

周小姐在某公司上班，工作认真，上司也很欣赏她的能力。几个月前，周小姐所在部门来了一位刚从国外回来的女孩子，青春有活力，工作能力也强，很快就成了公司里的名人。周小姐心里很不高兴，她发现，自从那个女孩来了之后，上司对她不太重视了，其他部门的男同事也不怎么给她献殷勤了。还有一次，上司竟当着全部门的面批评了周小姐，说她做事马虎。这让周小姐更加郁闷了。工作上的不顺心，让她很不开心，她想把心里话说给男朋友听，可男朋友总是很忙，根本没时间听她说“废话”。于是，一下班回到家，周小姐就把自己关在房间里生闷气。没过多久，她总是感觉浑身乏力，头部也时常会有一种刺痛感。

类似周小姐这样的人，在现实中有很多，当他们有了不开心的情绪时，想的不是如何发泄、解脱，而是不声不响，独自一个人生闷气，这是个极为不好的习惯。生闷气其实就是自己与自己过不去，等于在自我折磨。一个喜欢生闷气的人总会把无明的怨恨、遗憾等困在思绪里，使心中的烦恼与日俱增。

夫妻间是最忌讳生闷气的，这就好比是慢性的精神折磨，使两人在生活中互看不顺眼，由“小气”转为“大气”，直至达到顶点，夫妻感情破裂。我们常说夫妻之间没有隔夜仇，如果因为一点小事，不与对方沟通，自个儿生闷气，之后就会变得疑神疑鬼，看什么都存在主观思想，使问题复杂化。尤其是性格内向的人，遇到不顺心的事不愿与人倾诉，苦闷的情绪会压得他们没有喘息的机会，到最后，不是在沉默中积郁成疾，就是在沉默中做出极端的事。

从心理学的角度看，生闷气是不可取的。这是一种消极的情感，会导致内分泌失调、食欲不振等，长期处于这种情绪中，还会使血压升高。英国作家迪斯雷利有一句名言：“爱生气的人生命是短促的。”人活在世上只不过短短几十年的光景，如果经常为了一些小事而生气，因此引发疾病或缩短寿命，实在很愚蠢的事情。

当一件事使你不高兴时，首先要用客观的态度去分析，要想着，自己的情绪受到了这件事的影响，但情绪本身或许与此事无关，只不过是自己思考问题的方式不对。生闷气不是解决问题的办法，乱发泄一通也无济于事。遇到不愉快，我们不妨换个角度看问题，自己多劝慰自己，千万不要钻牛角尖，不要觉得整个世界遗弃了你，那只不过是你眼中的世界。试着客观地分析问题，你会发现，很多事并不值得生闷气。有矛盾就有解决的办法，可以找个好朋友聊聊，让对方给自己排忧解难。或者外出散散步，看场电影，做做运动，分散自己的注意力，这样心情就会好一些。

懂得如何调整情绪的人，都是懂生活的人，他们懂得自我解脱，有烦心事，要么不理会，要么正面排解。所以，他们活得更自在，更不会庸人自扰。

收放自如，克服冲动

很多人可能都会遇到这样的情况：无意间听到同事或是朋友说自己的坏话；住在楼下，总能听到楼上拉扯凳子或是敲敲打打的声音；被客户故意刁难；第二天上班突然被告知，你被解雇了……

这些事情都很容易挑起一个人的冲动情绪。即便是个非常优秀的人，冲动之下也无法做出正确的判断。在面对突发状况时，很多人会采取不理智的行为，进而使事情恶化。而且，人在冲动发怒时，会引起精神过度紧张，造成心脏、胃肠以及内分泌系统功能紊乱，时间长了，对身心健康大为不利。

人是感情动物，表达情绪无可厚非，当自己的自尊或是切身利益受到损害时，就会生气、愤怒，但如果不加控制地任意表达，就成了一时冲动的宣泄，而此时冲动者就成了一个最软弱、最容易被打败的人。如果此时你能意识到自己的情绪即将失控，那么，可以通过注意力转移法来使自己得到放松，提醒自己要将冲动的情绪压制下来。

在冲动的时候，让自己“坐下来”，人在站着的时候血液循环与新陈代谢的频率和速度要比坐着快。情绪过于激动，血液循环会加快，此时急需冲破空间限制。当身体得到全面舒展时，又进一步促进血液循环，此时就会产生争吵所需的生理能量。有研究表明，人在进行情绪宣泄时需依赖一定的生理能量。因此，只需要抑制这种生理能量的供应，怒气就会慢慢削弱。

一家企业的部门经理由于决策错误，使企业损失了上百万元。他为此惶恐不安，生怕最高领导者将怒气发泄在自己身上，于是能往后推的工作尽量不去“打扰”领导者。此时，这家企业的合伙人来了，他发现那位领导者正伏案写着什么。

“来了，先坐。我想你对事情也有了大概的了解，这件事我也想了很多，不过在叫那位经理过来讨论此事之前，我写了这个，你看一下。”领导者起身，将写的内容拿给合伙人看。

上面写着那位经理的很多优点，他几次帮助企业创造高额利润，对于危机处理也很在行，所创造的赢利远比这次损失要多。最后，他们一致决定给予经理适当的处罚，让其将功补过。

这一处理办法，让那位经理大为感动，他原本已经做好了离职的准备。后来，他更加卖力地为企业工作，获得了一个又一个的高利润回报。

当合伙人喜上眉梢，直夸领导者的冷静处事能力时，那位领导者说，每当自己无法克制，要发火时，就会强迫自己坐下来。借用纸、笔，将使自己发火的人的优点罗列出来，每次优点还没写完时，火气就已经消散了，并能更加理性地对待问题。这种方式让他避免了多次愚蠢行为，他并没有在冲动之下失去理智，因为那样做的代价太昂贵了。

现实中，因为冲动而丧失机会的人有很多。一个人在冲动的时候，其主要精力都集中在导致自己冲动的事情上，并没有多余的时间与空间去考虑其他事情。面对他人故意的挑衅，如果你反唇相讥，势必会引发争执，甚至会有肢体冲突，对解决事情毫无帮助。

冲动所带来的一系列不良反应超乎我们的想象，冲动之下的行为，并非是你不够成熟，而是有时人的情感真的很难控制。人在失去控制时，时常会伴随着紧张心理，在紧张心理状态中，如果适当地进行一些促进心理放松，尤其是具有静心作用的活动，如练字、画画等，则可以提高自我控制的水平，让自己回归理智。

情绪抑制只是第一步，当意识到自己不会因为冲动而做出不可挽回的行为时，就要进行深入思考，对事情进行重新判断，从另一个层面认识事情。心结打开，就会走出冲动的情绪，否则问题将得不到真正的解决。

很多时候，情绪已经不仅仅是一种感情的表达，更是一种重要的生存智慧。大多数成功者，都是能够把情绪控制得收放自如的人，忍人所不能忍，行人所不能行，容人所不能容，处人所不能处。只有在理智的指导下，才能拥有平安稳定的一生。

用正面心态控制愤怒

当我们的希望落空，或者遇到挫折的时候，通常会觉得愤怒，这也是每个人最真实的情感体验。在生活中，每个人都会有愤怒的情绪，当愤怒得不到发泄时，积蓄在心中的怒火会使身体功能失衡。而且，愤怒会使人离事情的本质越来越远，使原本很小的一件事变得复杂，毫无回旋余地。此时，有理也会变得没理。

有一个女人，从小受继母虐待，有委屈、有愤怒却没地方发泄，看着继母发怒时丑恶的嘴脸，她决心以后一定要做一个心地善良的人。长大后的她有了份不错的工作，与同事关系融洽，她也收获了美满的婚姻。女人实现了承诺，将家人照顾得无微不至，与丈夫也是恩爱有加，很快他们便有了自己的女儿。

日子就这样一天天地过去了，随着压力的增大，丈夫在外面有什么不如意，回到家因为一点小事就对她发火，婆婆对她也是横竖看不惯。她一直压抑着心中的愤怒，不断提醒自己，这些都不算什么。她的忍耐却换来了丈夫的变本加厉，甚至开始动手打她。这激起了她儿时不愉快的记忆，心中的愤怒感更加强烈了，可她还是隐忍不发。

直至有一天，她无意中看到丈夫搂着一位年轻的女孩逛街时，她的愤怒达到了顶点。回到家，她质问丈夫，看到丈夫毫无愧意的脸，她将菜刀挥向了丈夫。

愤怒所产生的力量是强大的。愤怒加上情绪的煽动，会燃烧得更为炽热，在盛怒之下，人会失去理智，变成伤人伤己的危险人物。愤怒会使人赔上自己宁静的心情、健康、声誉、工作、朋友以及所爱的人，甚至失去自我。

无法抑制的怒气，容易成为严重伤害身心的本源。然而，愤怒如同其他的情绪一样，也是可以控制的。当愤怒时，必须警觉到自己的怒气，用力告诫自己冷静下来，并且不要接近导致愤怒的事物。要对使我们感到受辱的人或事表现出平静的一面，是不容易的，不过反过来想想，愤怒根本就是自己跟自己怄气，而自己是自己最可怕的敌人，我们必须彻底根绝这个心腹大敌，把产生愤怒的原因从心中赶走，把心智专注在有益身心的事上，以消除负面的情绪。倘若我们将所恨之人的人格弱点视而不见，而去回想他们的一些优点，念及他的本质善良以及曾做过的好事，如此怒气可能会缓和下来，心中更会充满慈爱。

有一个抑制怒气颇具效果的方法便是，生气时，在开口前数十下；如果愤怒异常，那就数到一百。数数的这段时间，为我们换取到了心灵上的暂时平静。它的效果就如静思。你舒服地坐着，平静下来以后集中注意力，想想你既不喜欢也不讨厌的人，如果你脑子里有这么一个人，向他或她送上你爱的祝福，接着做同样的事给你喜欢的人，然后给你爱的人，这可以增强你内心积极的情感。接下来在脑海里想你不怎么喜欢的人，最后是你最不喜欢的人，给他们也送上爱的祝福。你还可以想你生活中不开心的事情，也送上爱的祝福。这样做的目的是开发你积极的思想，释放消极的思想。

对于错怪或伤害自己的人，我们的内心不要被仇恨所蒙蔽，心怀怒气对自己比对他人所造成的伤害，有过之而无不及。因此，即使活在仇恨的环境中，也要努力经营一个充满爱的心态。

第十章

调节受伤的情感

情感是一种内在的力量

人非草木，孰能无情。每个人在与人交往中都会产生情感，不同的情感会对人际交往产生不同的影响。比如，流泪时常能够换得对方的同情，使听者心软，大事化小，小事化了；态度冷漠常会使交往者打退堂鼓；情感相同时往往会得到双方的共鸣；当喜欢某人时，你就会自动撤除障碍，去接近他；反之，你会隐蔽自己，远离你不喜欢的人。

情感有正向情感和负向情感之分，正向情感表现如愉快、信任、感激、庆幸等，负向情感表现如痛苦、鄙视、仇恨、嫉妒等。正向情感有助于人的智力发展，可以充实人的体力和精力，促进人的活动，并形成一种动力，激励人去努力。负向情感则会抑制智力水平的提高，体现在记忆、思维、创造、想象等众多方面，降低人的自控能力和活动效率，甚至做出一些令自己后悔的事。

我们的情感，或悲或喜，或怒或惧，无论哪一种情感，只要调节得当，都能发挥积极的力量。要学会借助情感的力量，让自己强大起来，而非被情感所左右。当你的情感偏向消极时，就无法智慧地思考问题，从而盲目做事，使自己陷入被动中。

世俗中，对每个人影响最大而又难于割舍的莫过于亲情、友情和爱情。作家刘心武说过：人生一世，亲情、友情、爱情三者缺一，已为遗憾；三者缺二，实为可怜；三者皆缺，活而如亡！”在一生中，只有体验了亲情的深度，领略了友情的广度，拥有了爱情的纯度，这样的人生才称得上是名副其实的人生。

亲情是相互的，不是单方面的给予和付出，如果只要求对方有亲情，而自己却轻描淡写，不放在心上，这样的亲情，也许过不了多久就会被冲刷得越来越淡，所剩无几；对于情侣而言，工作和生活上的相互支持与配合，是维持和加深爱情的基础，如果没有这种支持与配合，他们之间的爱情是不能持久的；而朋友之间的友情，主要取决于他们之间的利益关系，不断加深彼此的利益联系，友情才会越来越深厚。如果彼此产生了根本的利益冲突，那么其感情迟早会衰减下来。

情感对于人来说是特别的存在，并非一两句就可以表达出来的，那是内心最真实的感受。在情感的影响下，人们会变得开心、伤心、愉悦、痛苦……夹杂着各种情绪表现，都说身体上受伤了，伤口会慢慢愈合，但如果心里受伤了，那只有依靠情感的慰藉才能走出来。

很多人说情感如幻影，看不到、摸不着，可是，它却真实存在，拥有着强大的力量。如风一般，你无法触碰它，但它所到之处枝叶摇动、沙尘飞舞，这就是它的力量所在。

有一个探险者，在沙漠里与队友走散，身上的食物所剩无几，沙漠的恶劣天气和自身的温饱问题折磨着他。一望无际的沙漠让他心生胆怯，他想就此结束自己的生命。

临死前，他翻出一直珍藏在口袋里的东西，是一张全家福，看着笑容甜美的女儿、温柔善良的妻子，他要与她们做最后的道别。但是，他越想越觉得不甘心，他舍不得妻子与女儿，想起女儿崇拜的眼神，妻子信任的目光，他意识到，就此结束生命是懦夫的行为。他收起照片，拿起行囊，靠着多年沙漠行走的经验，加之强大的意志力，一步一步地向前走。一天、两天、三天……一周后，就在快要支撑不住时，队友找到了他。

队友们惊讶于他强大的生命意志力，他说，都是亲人给予了他力量。

在很多时候，人的行为受情感所支配，消极的情感会让人产生不好的行为，感性大于理性，而积极的情感则会带给人无穷的力量。学着尊重感情，无论是亲情、友情还是爱情，引导其走向积极一面，真诚对待，就一定会有好结果。

关于爱情

爱情是美丽的，茫茫人海之中，有一个人能与自己惺惺相惜、心心相印，是极为难得的。但没有人能保证在恋爱的过程中不会受伤。爱情就是如此，它让人变得“傻傻的”，让我们痴迷，同时又会让我们在不知不觉中迷失。在爱情面前，有的人失去了自我，活得卑微，自己累，对方也累。而也有的人即便失去了爱情，也会仰起头，高傲地转身。

享受被爱及爱人的过程，不要拿“爱情”当借口，束缚了你，也禁锢了你的心。在爱情上即便受伤了，也没什么大不了的。好的爱情是双方以自由为最高赠礼的洒脱，以及绝不滥用这一份自由的珍惜。当爱情出现矛盾，对方不理解你、不信任你、不尊重你的时候，你可以保持着“珍惜”的心态，渡过那一段难关。

“小晶，你说我该怎么办？我……我实在是没办法了……”小君边哭边说。

“别着急，慢慢说，到底怎么回事？”作为小君最好的朋友，小晶急切地问道。

“他跟我彻底摊牌了，他说他累了，要跟我分手。你说，他怎么能这样？累了？哼，都是借口，我看他是喜欢上别人了。”小君边哭边愤恨地说。

“说清楚点，怎么说分手就分手啊，一点征兆都没有。”小晶不明所以地说。

“其实，他已经跟我提过三次分手了，我以死相逼他才……可是，这次他是铁了心了，他竟然对我的死亡威胁无动于衷，就那么摔门而出。我真的很爱他，为了他，我什么都可以做。原本以为自己找到了最美的爱情，没想到，到头来还是被爱情伤了，伤得我体无完肤。”小君哭得更厉害了。

“既然不爱了，早分手早解脱，不然以后有得你罪受。”小晶说。

“不行，我放不下，就算不爱了，我也不放手。爱我的时候说得天花乱坠的，现在一句不爱了就想让我五年的付出付之东流，我怎么甘心？”小君越说越气。

“你这样做值得吗？不要到最后连一丝美好也抓不住。你现在只是不甘心他先提出分手罢了。其实，你知道你们的爱已成往事。”小晶无奈地说。

“……”

“亲爱的，爱情不是占有，真正相爱的两个人，心是契合的。爱的时候好好珍惜，不爱了就要懂得适时放手。”小晶说。

“……”

爱情就拉橡皮筋的两个人，受伤的总是不愿放手的那个。生活中，亦有很多人如小君一样，在美好的爱情里迷失了自我。面对爱人的离去，他们满腹愁绪，以泪洗面，更有甚者有了轻生的念头。因为失恋就要死要活的人，其实根本就不懂得爱，一个连自己的生命都能舍弃的人，谁还会珍惜他（她）呢？

在感情世界里，其实并不是只要付出，就希望有回报的，往往很多人到最后可能什么都没得到。但是，我们从中可以学会怎么去放弃和选择。

不要太依赖一个人。因为依赖，所以期望；因为期望，所以失望。如果你在爱情里受了伤，请相信，并不是你不够好，只是那个人不适合自己罢了。或者是你习惯了对方的存在，一时适应不了。无论是哪一种，都不要封闭你的心，更不要折磨自己。爱人之前，首先要自爱。执着于不属于自己的东西，只会活在痛苦里，而内心也将失去自由。

时间是最好的治愈良药，让时间去冲淡一切，不要把精力都集中在“失去的美好”里，为自己找些事做，转移伤痛，忘记该忘记的，不念便不想，不想便无所谓。面对变了质的爱情，何不坦坦荡荡地转身，留给彼此一个美好背影与回忆。

爱需要勇气，放下更需要勇气。当你勇敢面对一切时，你会发现，不管是你爱得多一些，还是他爱得多一些，爱人或是被爱都是一种幸福、美好。读懂爱情的人，不会因爱生恨，更不会以“爱”之名做出伤害自己及他人的事。

因此，即便爱情让你受了伤，也不要让内心充满怨恨，那样你会将真正的爱拒之门外。爱情对于每个人来讲都具有魔力，能够拥有真挚的爱情是所有人的梦想，但现实就是这样，或许，经历过磨难的爱情才会更加夺目、坚固。

享受爱情的同时，不要丢失了自己，善待自己，原谅该原谅的人，然后继续自己的生活。

关于友情

我们都期待一种情感，当你站在人生十字路口，有人可以给自己勇气，哪怕只是一个鼓励的眼神；当你人生失意时，有人可以给自己安慰，哪怕只是默默地陪伴……

这种情感就是友情。你快乐时，他或许不会在你身边，你悲伤时，他一定会出现在你面前，带你走出悲伤。而这个人，就是你的朋友。

有人说，现在已经很难找到儿时纯纯的友谊，越来越多的人变得冷漠、自私，他们没有所谓的“友情”，于是，为自己找了个自私自利的借口——朋友就是拿来卖的。的确，友情有真有假，但是拿友情来消费，必定会失去比友情更为珍贵的人生财富。

面对“背叛”友情的昔日兄弟、姐妹，你将如何对待？伤心，愤怒，都是难免的，毕竟是曾经真心相待的朋友。可是，伤心过后呢？如果再次遇到，你会怎么做？再次陷入伤心，还是云淡风轻地说一声“谢谢”？

A 和 H 从小一起长大，小时候，一个被老师罚，另一个也会悄悄地走过去，两人相视一笑。A 的家境好一些，他时常会带好吃的给 H，A 受欺负了，H 也会第一时间挺身而出。长大了，他们考入了同一所大学，他们的友情常常被人羡慕着。有人说，他们是焦不离孟，孟不离焦。找不到 A 的时候，一问 H，准能找到，反之亦然。

最后，他们进入了同一家公司，工作上他们共同进退，两人的能力也得到了上司的认可。可是，似乎有什么在慢慢地发生着变化。H 因为家境的原因，一直觉得很自卑，什么都想做到最好，上学的时候，成绩一直名列前茅，工作上当然也要如此。因此，他把所有精力都投入到了工作中。

一次，公司让他们两人各负责一个项目。H 无意间听到一个消息，总公司会从他和 A 之间选一个人担任另一家分公司的总经理，而且就看这次项目的完成情况来定。本来就投入了十二分精力的 H，更加努力了。A 还曾打趣他说：“那么拼命干嘛，拿出平时的实力就行。”对于 A 的话，他只是淡然一笑。

就要作项目报告了，头天晚上，H 约 A 一同喝酒，A 喝了很多，也说了很多。第二天，同一间会议室。H 自信满满地在台上作着报告，台下，A 不可思议地瞪大眼睛看着 H，准确地说是看着幻灯片里的报告内容。内容稍有不同，但理念与自己的报告完全一样。此刻的 A 已经知道，H 背叛了自己。

结果可想而知，A 被开除了，H 成了分公司总经理。离职那天，A 问 H，“为什么这么做，我一直把你当我最好的朋友、兄弟。”H 淡淡地说：“我也一直把你当朋友，可我和你不一样，你家底殷实，即便不用努力工作，家里也可以为你打点好一切，我得完全靠自己的双手。”A 愤怒地说：“这和我的家庭有什么关系，我能走到今天完全是靠我自己，你为了自己的前程就可以毁掉我的前程，毁掉我们这么多年的友情吗？”H 无言以对，事已至此，他也知道，他们再也回不到从前了。

离开公司后，原本喜欢开玩笑的 A 变得沉默寡言了。他没有再去找工作，而是选择了创业。A 就像一夜之间成熟了似的，变得沉稳内敛、不骄不躁，再加上本身能力就强，让他赢得了很多生意伙伴。多年后，A 和 H 再次相遇，A 成了某公司的老总，而 H 却因为经济案件住了几年牢，出来后只能去名不见经传的小公司，做了一个小职员。正应了那句话：曾经的深信不疑，如今的物是人非。

有人说过，被背叛过的人，通常能更快地成长。所以，如果你受到了朋友的伤害，也不必太过在意，要感谢那些伤害过你的人，因为伤害，你学会了成长；因为伤害，你更懂得如何去爱；因为伤害，你学会了保护自己。如果就此把自己封闭起来，觉得自己是最可怜的人，变得愤世嫉俗，不再相信任何人，那样只会让自己更加痛苦。我们不能期待得到所有人的喜欢，总会有不同的声音出现，而这些不同的声音也让我们的生活更加丰富。改变自己的心情，我们无法控制他人，但可以掌握自己的心。

“人生得一知己，斯世当同怀视之。”朋友不在多，有时候有一个便足矣。若是碰到了，请好好珍惜，一辈子遇到这么个朋友不容易，是你的福气。

关于亲情

在这个世界上，亲情是任何东西都不能分割、不能替代的。从出生之时起，那种看不见但又确实存在的血脉关系，就时刻包围着你，熏陶着你，影响着你，在不知不觉之间，你就会成为这种关系最坚定的支持者。

对于每个人来说，亲情都应该是最温暖的。亲情代表着感恩、理解、宽容、体谅，无论身处何方，都难以将那些为我们默默付出的亲人忘却。与其他感情相比，亲情中所蕴含的那种对你的好，对你的爱，是不需要任何回报的。

可是，现实中却经常上演着一幕幕亲人反目成仇的戏码。许多人对亲情习以为常，一切都觉得理所应当，感觉不到亲情中为之付出的艰辛和伟大。亲情断裂，无非为钱、为利，有的人拿着亲情当借口，一味地贪婪索取，而不懂得什么是付出，一旦失去后，才会感到那种切肤之痛，而追悔莫及。

青儿放学回到家，看到了坐在客厅不停抽烟的父亲。父亲脸色憔悴，无奈地说："你妈妈走了。"一句话打碎了青儿脸上的微笑。

此后，青儿的生活发生了极大的变化。父亲一天要打两份工，无暇照顾青儿，小小年纪的她便开始学着做饭，从前的小公主，一下子沦为了没人要的孩子。有次不小心被开水烫了一下，青儿蹲着哭起来，此刻她的心中开始出现了对妈妈的恨。

她觉得是妈妈毁了她幸福的生活。在学校里，同学们嘲笑她是没有妈妈的孩子，跑到没人的地方，青儿大哭一顿，对妈妈的恨意更深了。此后，青儿的性格越发孤僻，成绩也是一落千丈。

一天，父亲因为工作不顺心，吼了青儿几句。青儿哭着说："我恨你们，妈妈不要我，连你也吼我，我恨你们。"听着青儿的话，父亲极为震惊，他其实很疼青儿。

晚饭过后，父亲将青儿叫一旁，充满慈爱地说：

"青儿，今天我的态度不对，伤害到了你，爸爸给你道歉。但你不能恨爸爸妈妈，尤其是你妈妈，她虽然离开了我们，但她毕竟生育了你，不管怎么说，她都是你的妈妈，这是无法改变的事实。要怪都怪爸爸不好，没能力让你们过上更好的生活。答应爸爸，不要恨你的妈妈，我相信她也舍不得你……爸爸答应你，以后再也不吼你了。"

父亲没有说完，青儿早已泣不成声，说不出话的青儿只是拼命点头。其实青儿知道父亲很疼爱自己，虽然话不多，但日常生活中总能流露出来关爱，只是对妈妈的恨让她忽略了这些。

青儿渐渐淡化了对妈妈的恨，父亲说得对，即便再恨，她也是自己的妈妈。走向社会的青儿，阳光、善良，她用感恩的心去对待所有的事，也收获了他人的真诚相待。多年后，青儿见到了妈妈，成年的青儿，已经能用平和的心态去看待多年未见的妈妈了。没有愤怒，也没有激动，只有淡然一笑。

亲情是我们无法选择的，一出生父母就是注定的，即便由于某些原因，父母没有走到最后，也不要因为愤怒而去怨恨他们。他们赐予你生命，就值得你感恩一辈子。要记住，你们是亲人，即便没有生活在一起，血缘也将你们紧紧联结在一起。所以，不要恨自己的亲人，即便他们伤害了你，也请相信，他们是无心的。善待亲人，要从现在做起，不要觉得来日方长；珍惜亲情，要从学会感恩开始，不要对日常的小事熟视无睹。

对大多数人来说，亲情给人的感觉很微妙，感动都是在不经意间，亲人间的互敬互爱，应当是人的本能反应。可亲情之间也存在伤害，肉体上的伤害如打骂等，精神及感情上的伤害如辱骂、嘲讽等。很多时候，亲情间的伤害是存在矛盾的，伤害者常常并不认为自己的言行存在伤害行为，他们会认为自己的本意是为了被伤害者好。认知上出现错误，又没有及时发现，那么，亲情关系就会渐行渐远，直到一发不可收拾。

亲情重在情字，有情才能变得亲。一个人如果处理不好亲情，那么，其他情感也将一团糟。再亲近的人，也不要一味去索取，要懂得感恩，懂得关爱。

亲情之间，有些伤害是有意的，有些伤害是无意的，试着去理解，去宽恕，当你用包容的心去看待问题时，就会发现，问题并非我们想的那么复杂。

启动自我调节之路

人有七情六欲，有的人情感丰富，有的人情感寡淡，但无论哪种人都或多或少会受到情感的困扰。生活中，我们常常会因为亲人、朋友、上司、陌生人有意或无意的一句话，或是某件事而不开心，有人能及时走出阴霾，而有人则将不愉快的心情压在心底，久久不能释怀。当你常常被情感所影响时，就会失去正确的判断，变得过分感性，常常产生一种无力感，总觉得生活不公平。而不良的情感得不到及时调解时，积压已久的“毒素”就会借机侵蚀你的身体，让你身心俱疲。

生于红尘中，我们无法摆脱尘世间的纷纷扰扰，很多事情也不是我们能轻易改变的，此时要做的就是调节自己的情感，有人伤害了你，用宽容的心去对待，其实，没有什么事是不可原谅的。

我们可以通过以下四种方法，来对情感进行自我调节。

转移。在进行情绪与情感调节时，时常会用到这个方法，除了注意力的转移，还包括思想及行为上的转移。

首先是注意力的转移。我们都知道，当一个人过分注意某件不好的事时，就会联想到很多不存在的事，使自己的情感被不好的因素所包围。比如说，当与一个人发生不愉快时，你的注意力就会集中在这个人所有的缺点上，总想着“这个人怎么这么坏”。其实很多东西都是自己凭空想出来的，对方或许根本就不在意，可是自己却为此而郁郁不乐。试着将注意力转移到他的优点上，或者对自己说：“算了，反正他就是那么一个人”，以此来冲淡心中的不满。

其次是思想转移。有很多人对某些事情想不通，便总是沉浸在悲伤的情绪中。如果放任自己这样下去，则会越想越悲伤。这时，可以换个角度想问题，看自己在这次事件中有没有什么地方做得不妥，慢慢地，你就会从烦躁中走出来了。

最后是行动转移。有这样一句话：化悲伤为力量。当一个人处于悲伤时，可以将用来悲伤的时间放到工作或是学习上，以此来转移内心的悲伤。

释放。不管是好的情绪，还是坏的情绪，都不宜长时间地积压在心里，否则对身心不利，人们常说的物极必反就是这个道理。我们都知道，当失去亲人时，伤心、难过在所难免，此时也常会有人劝慰：哭出来，哭出来就好了。的确，用哭来释放内心的悲痛不失为一个好方法。不要将情感长期积蓄在体内，找个不伤害他人的方式将情感发泄出来，否则，就会如决堤的大坝，造成不可挽回的局面。

凝聚。人的情感有一个循序渐进的过程，并非一下子就变得浓重，这需要一个发展及凝聚的过程。随着认识及个人体验的不断深化，人的情感也会发生一系列变化。就一件事而言，做事的过程就是对这件事的认识不断深化的过程，人的情绪及情感也会随之发生变化。当遇到困境时，会产生焦虑、不知所措的情绪，当攻克一个难关时，就会满心欢喜。所以，在完成一件事的过程中，除了要注意自身认识过程所发生的变化，也要关注情绪及情感的变化。有意识地去凝聚那些良好的情感，用积极的心态去面对事情，便可达到事半功倍的效果。

调节。人在遇到伤害时，难免会有各种不良情绪及情感反应，如忧郁、焦虑、愤怒等。这时，可以适当地进行自我安慰和暗示，来缓解内心的矛盾冲突，保持心理的安宁和稳定。情绪激动时，通过自我默诵或轻声警告，比如“冷静些，不能发火等”，来抑制自己的情感。另外，运动、听音乐、外出散心，或者看看幽默的小品、喜剧，都能让人的不良情绪及情感得到一定程度的缓解。

人对社会的适应是通过调节情感来进行的，情感调控的好坏会直接影响到身心健康。所以，积极而正常的情感体验是保持心理平衡与身体健康的必要条件。曾有人说过，一个小丑进城胜过一打医生，就非常形象地说明了情感对人体健康的影响。

把控制情感的钥匙掌握在自己手里，不要让它们轻易左右你；强化你的内心，学着调节自己的情绪，感性之余，保有一定的理性，坦然面对一切。